大数据科学与应用丛书

工业大数据实践

工业4.0时代大数据分析技术与实践案例

Fundamentals of Big Data Network Analysis for Research and Industry

［新加坡］ Hyunjoung Lee（李贤荣）　Il Sohn（孙宁）　著

向　阳　刘让龙　寇晶琪　译

电子工业出版社

Publishing House of Electronics Industry

北京 · BEIJING

内 容 简 介

如今，海量的数据无处不在，从数据中提取关键信息的能力显得愈发重要。本书从崭新的视角认识大数据，研究了钢铁行业中的典型大数据案例，为读者提供进行数据网络分析、数据中有效信息提取的详细步骤和指导方法。特别是在网络分析方法方面，对数据采集、研究方法设计及分析、数据结果呈现进行了介绍。同时，介绍了相关网络分析软件：UCINET、NetMiner、R、NodeXL 及 Gephi。

本书适合分析师、研究工程师、工业工程师、市场营销专家，以及对大数据分析感兴趣的人员阅读与参考。

Fundamentals of Big Data Network Analysis for Research and Industry,9781119015581, Hyunjoung Lee, I1 Sohn

©2016 JohnWiley&Sons,Ltd.

All rights reserved. This translation published under license.

Authorized translation from the English language edition published by John Wiley & Sons, Ltd.

本书简体中文字版专有翻译出版权由 John Wiley & Sons, Ltd.授予电子工业出版社。未经许可，不得以任何方式复制或抄袭本书的任何部分。

版权贸易合同登记号　图字：01-2016-9185

图书在版编目（CIP）数据

工业大数据实践：工业 4.0 时代大数据分析技术与实践案例/（新加坡）李贤荣，（新加坡）孙宁著；向阳，刘让龙，寇晶琪译. —北京：电子工业出版社，2017.6
（大数据科学与应用丛书）
书名原文：Fundamentals of Big Data Network Analysis for Research and Industry
ISBN 978-7-121-31575-6

Ⅰ. ①工… Ⅱ. ①李… ②孙… ③向… ④刘… ⑤寇… Ⅲ. ①数据处理－应用－制造工业－研究 Ⅳ. ①F407.4-39

中国版本图书馆 CIP 数据核字（2017）第 108189 号

策划编辑：李树林
责任编辑：谭丽莎
印　　刷：三河市鑫金马印装有限公司
装　　订：三河市鑫金马印装有限公司
出版发行：电子工业出版社
　　　　　北京市海淀区万寿路 173 信箱　邮编　100036
开　　本：720×1000　1/16　印张：13.75　字数：203 千字
版　　次：2017 年 6 月第 1 版
印　　次：2017 年 6 月第 1 次印刷
印　　数：3 000 册　定价：49.00 元

凡所购买电子工业出版社图书有缺损问题，请向购买书店调换。若书店售缺，请与本社发行部联系，联系及邮购电话：（010）88254888，88258888。

质量投诉请发邮件至 zlts@phei.com.cn，盗版侵权举报请发邮件至 dbqq@phei.com.cn。

本书咨询联系方式：（010）88254463；lisl@phei.com.cn。

译 者 序

当接到翻译的工作，看到详细的代码和图示时，我不禁又回忆起读博士期间一行行敲代码的生活。毕业后我虽不直接从事数据编程工作，但也一直进行着大数据产业发展的相关研究。作为一本技术层面的实操性书籍，本书的确写得非常详细，从概念到软件操作、从数据分析方法到实际案例剖析，一步步帮助读者掌握大数据理解和分析。书中花了大量篇幅为读者介绍主流大数据分析软件的操作和应用，很适合作为一本入门级的大数据工具书籍。

作为长期研究中国大数据产业趋势的分析师，我对于本书中提到的网络分析法感触颇深。目前很多企业在做大数据，大致都是从标准化的数据采集分析系统起步，大量的工作仍然集中在企业内部数据的整合上，而对于外部消费者数据和内部企业流程数据的连通融合，则是未来亟待解决的关键性问题。本书从全新的数据网络关系视角入手，为我们清晰展现了从数据采集、数据清理、数据分析到数据可视化的全流程步骤。记得在最新一季的《黑镜》中，有一集就是未来社交网络数据的智能化，通过人群在社交网络上的言论统计来操作机器人。这种科幻剧中的场景恰好与本书中分析 Facebook、Twitter 上的网络关联数据不谋而合。可以说，社交数据正在成为大数据分析中不可或缺的一环。

同时，在国内产能过剩的大环境下，有关钢铁、煤炭的大数据应用也是未来的焦点之一。如何通过大数据来提升产品质量、发掘更精准的市场需求成为钢铁煤炭企业的转型重点。目前国内有关这方面的大数据书籍较少，本书从国际钢铁贸易的案例出发，为读者和行业专家深入剖析了大数据在工业领域的应用效果，并结合了不同的主流分析软件的详细使用教程，必将是各行业研究人员的得力助手。

向阳

本书的理念最初是由未来钢铁技术论坛发起并支持的。在这个论坛上，一批未来钢铁技术的研究者们齐聚一堂，提出要在全球钢铁贸易区之间挖掘钢铁技术及产品植入的战略意义。在韩国钢铁及钢铁协会的赞助下，作者首次针对钢铁贸易数据进行分析，涵盖了贸易国之间的网络关系及跨境交易的钢铁产品信息。从最开始，该书作者就致力于通过钢铁贸易市场的一些案例向社会公众、行业研究员及数据分析专业的学生提供大数据分析的方法论。

本书共分为 8 章。第 1 章主要定义了什么是大数据及在企业内部管理中如何运用它来激发更多的产能和更高的效率。第 2 章介绍了大数据分析相关的各种不同软件，可以帮助识别目前市场上在售的分析软件的优缺点。第 3 章主要围绕社会网络分析进行介绍，给出了数据间网络关系结构中的节点和链接的定义。第 4 章总结了网络分析的研究方法论，包括设定一项实验、数据如何采集及如何过滤无效或干扰数据。第 5 章着重描述了中心性分析和凝聚子群分析，其中中心性分析包括中心度指标、中介中心性及亲近中心性。第 6 章对全书进行了总结，提出了网络的性能及节点对（或者数据对）之间的对等性，还重点概述了节点之间的连通性。第 7 章对 NetMiner 的数据结构进行了介绍。第 8 章对 NetMiner 中提供的样例数据进行网络分析。

经过 8 章的详细介绍，我们已经能够充分理解正在进行的大数据分析。书中提到的各种不同的分析方法和程序都是目前使用率最高的。本书旨在为初次接触大数据的学者或有部分基础的学者，全面介绍大数据涉及的基础知识，以及上述学者在将来从事大数据实验时可能用到的分析方法。作者的众多朋友也为本书的顺利完成贡献了不小的力量。

在此，我们要向 Dong Joon Min(董炯民)教授表达真挚的感激，感谢他在钢铁数据分析中极具帮助性的独到见解。同时，感谢 Jae Wook Ryu(在旭柳)博士，感谢他一直以来提供的帮助；感谢 Doo-Hee Lee(杜河力)教授的鼓励及对学术的执着追求。

谨以本书献给我们的家人，感激他们在本书的写作过程中做出的牺牲和支持。

作　者

目录
C O N T E N T S

## 第 1 章

大数据从何而来

　　这个社会每天都会产生大量的数据。这些原始数据并未经过过滤，伴随着这些数据的迅速累积，也产生了大量的无用的干扰数据，这些干扰数据必须被剔除，从而确保接下来有效客观的实验分析。这就要求分析人员具备足够的能力，从这些大量原始数据中提取出正确的、有用的信息。通过这样从沙子里淘出真正的金子的方式，大数据分析可以帮助企业从一个相对狭小的切入口出发，最终获取一个更广阔的商业视角。因为大数据的重要性是基于思维的扩张，这无关乎数据的量是不是够大、积累速度是不是够快或者数据的种类是不是足够多样，而是我们将采用不同的视角和观念去分析这些数据。就好比，如果你想看到一片森林，你就需要爬到高高的山顶上，而不是离开这片森林。同理，如果想对大数据有更深入的了解，我们应该尝试上升到足够的高度，拓宽我们的视角，上升得越高，我们的视野才足够大。为从森林内部捕捉到森林的外貌，就应当采取一个不同的视角，这正是大数据产生的意义。

1.1 大数据

近些年，大数据领域已经引起了众人足够多的兴趣。高德纳（Gartner）作为全球顶级市场分析研究所之一，早已在 2012 年和 2013 年连续两年将大数据列为前十大战略技术工具[1]。并且，在 2014 年还将大数据和可操作分析工具（Actionable Analytics）并列作为公司智能化治理的重要战略技术[2]。不仅如此，每年一次的达沃斯世界经济论坛，全球首脑和经济大臣们都会会聚在此，共同探讨全球问题，其中，2012 年的达沃斯论坛再一次向世人强调了大数据的重要性，将其确定为对全球未来发展至关重要的十大科学技术之一[3]。全球目前正面临着经济危机，部分地区刚开始好转，除此之外还有气候变化、能源短缺、贫穷及局部地区安全等各种严峻的挑战，大数据的此次入选意味着解决这些全球问题的途径就是需要大量广泛的数据，并且还急需通过有效的管理和提取有效的数据，来协助深入了解如何解决一些会引发全球灾难的问题。

当然，当我们第一次面对"大数据"这个词时，我们往往会将大部分注意力放在"大"上，并会自动联想起巨人的形象。然而事实上，大数据更多的与大量或者数不清相关。大数据这个词是由前 Meta 公司（后被高德纳收购）的分析师道格莱尼于 2001 年创造出并随之得到广泛传播的，主要用来从三个方面识别数据迅速扩张过程中产生的问题和机会，这三个方面分别包括数据数量、输入/输出速度及数据的多样性[4]。大数据这个概念之所以能在 2000 年以来引起如此广泛的影响主要在于同时代互联网技术的迅猛发展，以及随之产生的海量数据。这种分析大量数据并将其转换成有用信息的重要性已经不言而喻，接下来就需要向数据的三个维度分别进行赋值。如果数据是以信息流的方式实时传输的，包括一些类似文本、图片或视频的非结构化数据，整合这些不同形式的数据并创造出价值显得尤为重要。因此，数据储备量起到关键作用，然而储备库大小相比之下却无足轻重。研究人员并不需要单纯的数据，他们需要的是数据背后蕴涵的信息。大数据是可以代表大规模数据，然而本质上，分析并捕捉到有价值的数据更为重要。

作为大数据本身，数据的数量一定要足够大。虽然实际运用中并未对数据规模进行特定的规格要求，但通常来看，小规模的数据集会有几万亿字节，大规模的数据集则会达到千万亿级别。表 1.1 里汇集了当前常用的衡量数据大小的单位名称，包括拍字节（PetaByte，PB）、艾字节（ExaByte，EB）、译字节（ZettaByte，ZB）、尧字节（YottaByte，YB）、Geop 字节（GeopByte，GpB）[5]。以华盛顿国会图书馆为例，其所有馆藏书籍包含的数据合计会有 15 TB。整个 2012 年，人类就累积了 1.27 ZB 的数据。然而，事实上 1 GpB 的数据意味着人类很难彻底了解并且意味着在这些数据基础上还会产生新的数据。

表 1.1　数据大小

数　据	大　　小		等　　价				
Bit(b) Byte(B) KiloByte(KB)	1 b 8 b 1 024 B	1 2^3 2^{10}	二进制数据（1 或 0） 英文字符（1 字节） 1 页				基本数据单元 一页书 1 200 个字符
MegaByte (MB)	1 024 kB	2^{20}	873	页数	4	书本	一张数字照片：3MB 一首 MP3 歌曲：4MB
GigaByte(GB)	1 024 MB	2^{30}	894 784 341	页数 数字 图片	4 473 256	书本 MP3 音频文件	一到二小时 电影：1~2 GB
TeraByte(TB)	1 024 GB	2^{40}	916 259 689 349 525	页数 数字 图片	4 581 298 262 144	书本 MP3 音频文件	国会图书馆中所有书本的容量 15 TB
			1 613 40	蓝光 CD	233	DVDs	
PetaByte(PB)	1 024TB	2^{50}	938 249 922 368 357 913 941	页数 数字 图片	4 691 249 611 268 435 456	书本 MP3 音频 文件	Google 每小时处理的数据量：1 PB
			1 651 910 41 943	蓝光 CD	239 400	DVDs	

（续表）

数据	大　小		等　价			
ExaByte(EB)	1 024 PB	2^{60}	960 767 920 505 705 366 503 875 925	页数 数字 图片	4 803 839 602 528 274 877 906 944	书本 MP3 音频文件	美国按周发行的 1 亿份报纸的数据量
			1 691 556 350 42 949 672	蓝光 CD	245 146 535	DVDs	
ZettaByte(ZB)	1 024 EB	2^{70}	983 826 350 597 842 752 375 299 968 947 541	页数 数字 图片	4 919 131 752 989 213 281 474 976 710 656	书本 MP3 音频文件	直到 2012 年总的数据量：1.27 ZB
			1 732 153 702 834 43 980 465 111	蓝光 CD	251 030 052 003	DVDs	
YottaByte(YB)	1 024 ZB	2^{80}	1 007 438 153 012 190 978 921 3 843 307 168 202 282 325	页数 数字 图片	5 037 190 915 060 954 894 288 230 376 151 711 744	书本 MP3 音频文件	在高速宽带下需要花费 11 万亿年去下载 1YB 的数据
			1 773 725 391 702 841 45 035 996 273 704	蓝光 CD	257 054 773 251 740	DVDs	
BrontoByte (BB)	1 024 YB	2^{90}	1 031 616 699 404 483 562 415 936 393 530 540 239 137 101 141	页数 数字 图片	5 158 083 497 022 417 812 079 295 147 905 179 352 825 856	书本 MP3 音频文件	考虑全世界范围内物联网设备实时采集的数据
			1 816 294 801 103 709 697 46 116 860 184 273 879	蓝光 CD	263 224 087 809 782 414	DVDs	
GeopByte (GpB)	1 024 BB	2^{100}	1 056 375 500 190 191 167 913 919 337 402 975 273 204 876 391 568 725	页数 数字 图片	5 281 877 500 950 955 839 569 596 302 231 454 903 657 293 676 544	书本 MP3 音频文件	人类能够理解的最大数据量
			1 859 885 876 330 198 730 217 47 223 664 828 696 452 136	蓝光 CD	269 541 465 917 217 192 562	DVDs	

　　对大数据理解的另一个方面就是数据传输速度及累积率。二十年前的互联网不管是载入高速的数据通信网还是维持日常的基本费用都非常昂贵。然

而，互联网发展到今天，在家、在办公室甚至在大街上，我们都可以使用有线或无线网络轻轻松松地进行百兆级数据的传输。然而，与此同时，数据也在以同样惊人的速度不断地产生和传输。最近几年可以发现，一些自然灾难报道及其他各种爆炸性新闻都是首先通过微博发出的。此外，目前制造型企业使用的智能仪表，家用电器里的智能电视和智能冰箱，无人驾驶汽车都是通过互联网实现巨大数据的实时传输的，随着相关技术的不断成熟，这种数据传输速度还在加快。

对大数据的理解不能仅仅停留于这些种类繁多并持续累积的庞大信息量的表象。之前人们作业的大部分数据都是高度标准化的，管理起来也简单许多。这些数据均被转换成特定的格式且排列整齐，最终形成标准化数据。例如，企业生产过程中的销售收入、存货或故障率都是以往数据分析中常见的且比较容易获得的数据种类。然而，一些新型的数据种类却无法用目前的数据格式去分类，自然无法转化为结构化数据。例如，视频、音乐、图片、地理位置及文本，还有其他很多种类的数据就无法匹配惯用的数据格式，这些都是非结构化数据。这些形式的数据有着不同的大小和内容，很难进行排序。现如今，这些新型数据在以爆发性的速度不断增加，针对这些数据的处理方式也亟待问世。

考虑到大数据的数据规模、传输速度和数据种类，通常一个数据集会达到数千太字节。数据的处理和传输速度从几秒到数小时不等，并且这种数据能以任何一种结构化或非结构化的形式存在，这就给目前惯用的数据处理和分析方式提出了革命性的挑战。更进一步说，大数据虽蕴涵大量不同种类的数据，但其精髓仍然在于如何有效地对数据进行分析以提炼出有意义的信息。因此，大数据既包括那些用现有技术方法无法有效管理和解读的大量数据，还包括管理信息、分析信息的人力资源、组织机构和相关技术，这些都构成了一个完整的大数据。通过这个管理和分析过程，最后得出的结论正是大数据分析的价值所在。

如今，社会变得更加互联互通，数据也呈爆发性产生。但这并不意味着只要数据集足够大，包含数据足够多，就值得我们去分析，去得出一些结论。数据大量增加的同时意味着一些不重要的或没有意义的数据也掺杂在其中并随之增加，此时就需要分析人员独具慧眼，剔除这些无效的原始数据，过滤出有分析意义的数据集。大数据注重开放的思维和广阔的视角，它不仅关乎数据数量、传输速度或数据本身的大小，还关乎一个巧妙的视角和对趋势的预测。我们不必离开"森林"，相反，我们可以登上"山顶"。同样，为能深入理解大数据，我们必须脱离现有的思维和视角，正所谓"站得高方能看得远"；为看到从内部看不到的风景，我们需要一个不一样的视角；为看到更多，我们必须依靠大数据。对大数据的分析会大幅提升我们的视野。

1.2　是什么产生了大数据

从互联网兴起到 2012 年的统计数据显示，我们已经累积了 1.27 ZB 的数据，并且在 2016 年，全球网络数据通信量超过 1ZB[6]。我们无法真正了解如此大规模的数据流是如何产生的，其中一个原因在于数据存储工具的不断升级换代催生了数据的爆发式累积。随着人类文字的诞生，早先刻在树皮、动物皮、树枝（如竹子）、石头、黏土碑等上面的历史记录，由于现代打印技术的革命性发展开始以纸张的形式记录下来。过去因为缺乏必要的记录轨迹，许多人类活动和知识经验都无法保留下来，而现在却可以利用文字完整地记录在纸张上。然而，纸张保存信息也有弊端，往往纸张体积增加的速度远远大于其内含信息量增加的速度。进入 20 世纪，随着模拟存储设备的诞生，人类活动的信息记录载体开始变为体积更小的胶卷或磁带，如胶片、照片、磁带盒、录像带等，这些工具体积虽小但包含的信息量却远超传统的纸张。在数字化时代来临前的 20 世纪 80 年代，人类已经累积了 2 620 000 TB 的数据，90% 以上都是以胶片或磁带的形式保存的[7]。而 1990 年数字化革命的到来，这些记载工具又进行了升级，文字、语音、图片、影像都开始被数字化，数据存储能力也显著提升。最初的计算机存储工具叫作软盘，之后出现了硬盘和移动闪存 U 盘。如今，我们可以在智能手机上保存数十 GB 的数据，还能随时随地查阅电子书、图片、音乐和影像。如果把人类一直以来累积的数据保存在 CD 盘上，然后一张接一张地摞起来，其高度相当于从地球到月球距离的 6 倍。科学技术的进步也大大降低了存储数据的成本。1980 年一块 1 GB 的硬盘就要花费 21 万美元，而到了 2013 年，这一金额仅仅为 3 美分。成本的大幅缩减自然大大促进了数据累积的迅速增加（见图 1.1）。

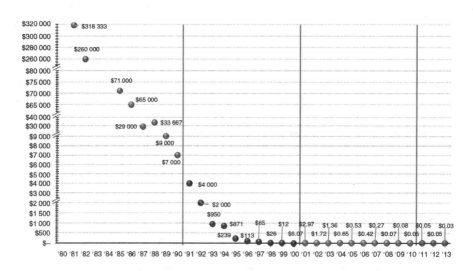

图 1.1　每 GB 存储空间的成本

　　另一个导致数据显著增加的原因在于人类生活不断加强的互联互通性。在 20 世纪 60 年代，计算机还很不常见，并且价格昂贵，随着 80 年代个人计算机的普及，其稀缺性也开始降低。如今，便携移动设备的迅猛发展，使得我们可以通过智能手机和 pad 上的智能连接工具实时接入网络，计算机稀缺的时代就此成为过去时。如今许多智能手机的功能远远超过几年前生产的个人计算机，人们还可以通过这些智能手机遥控通过其连接的其他设备。现实生活中，随着智能电视、冰箱的问世，从汽车到众多消费品装置，通过计算机和无线连接工具连入互联网开始愈发普及。这也直接导致物联网概念的提出，人类可以连入网络，通过物体表面的传感器获取信息。根据高德纳相关的研究报告，在 2009 年，已经有 9 亿个物体使用了物联网技术；预计到 2020 年，这一数字将要达到 260 亿。思科推测，从 2013 年到 2022 年，物联网技术的经济价值将要达到 14 万亿美元。

　　大数据的重要性不能仅仅靠数据的指数倍增加来推动。此时此刻，各种各样的海量数据仍在急剧增加并且它们的传输速度变得越来越快。从这些快速传输的海量数据中提取出有价值的信息才是至关重要的。为了提取出有用的信息，数据管理和分析技术显得尤为重要。在 20 世纪 90 年代之前，数字影像数据库包含数万个影像。而今，在线影像分享网站，如 Flicker、Picasa 及 Pinterest 拥有的数字影像数据库的容量已经远远超出我们的想象，每个数据库已经达到了数百亿。如果影像数据处理技术没有取得如此的发展，或者计算机性能未能到达当今的水平，处理如此大量的数据绝无可能。幸运的是，我们分析和检索影像数据的数字影像处理技术也在与数据的大规模爆发同步调进步，目前每秒管理和搜索数据量已达到数十亿，管理这些大规模数据毫无压力。同样，在分析多样复杂的非结构化数据领域，我们也取得了显著的进步，相关的技术也已形成。正因为这些技术层面的巨大进步能帮助识别大数据的价值，众多研究人员也开始对此产生兴趣。

当然，科技领域的进展并不总能吸引到商业的眼球。尽管大数据分析已成为可能，但若想引起普通大众的兴趣，还得匹配商业市场大环境。过去许多种科学技术在当时都走在时代前端，理应在市场上引起广泛的反响，但未能迎合市场需求，最终销声匿迹。因此，在这一方面，如何将大数据运用到企业活动中意义重大。

1.3 我们如何利用大数据

我们如何通过利用大数据改善企业环境？首先就是改变我们的传统观念。分析数据，从"沙子"中淘出"金子"需要的是发现哪些是我们不知道的而不是评价我们知道什么。评价是指到一定阶段要核实我们从最开始已经得到了哪些信息，而发现则意味着在一个反复的创造性过程中识别出那个潜在的问题。发现出的结果正是大数据真正的价值所在，这可为企业带来全新的观念来提升公司价值[9]。

改善企业环境的第二步就是发现企业内部多种活动中隐藏的不同问题和可能的解决途径。这包括通过大数据改变企业的思维过程和决策方式。借助大数据，发现过去不曾了解的，隐蔽的重大问题不再成为难题。在大数据中发现仅靠人类感知无法识别的有意义的真相，正是大数据需要解决的问题。预测则是大数据另一个活跃的领域。未来的发展蕴涵在当今的活动中，时间的长河连接着昨天、今天和明天。未来是和现在及过去紧密相连的。过去发生的事会影响现在的情况。而现在发生的事情就会作用于未来。正是因为过去、现在及未来是一个统一的整体，如果现在的事情我们可以决定，未来的某些事情我们就可以推断出来的。对过去产生的数据进行分析可以帮助我们预测可能的结果和未来的情形。从海量数据中，人们可以识别新的知识和事件，这个识别的过程连接了现在和未来。因此，只要能正确分析数据，对未来就能进行有效的预测。这里有一个经典的超市购物分析案例，主要分析了消费者消费行为与捆绑销售或促销货物之间的关系。通过分析消费者的消费行为，研究人员发现购买尿布的消费者通常还采购啤酒，若是赶上飓风，手电筒和甜食的销量会同步上升。这些研究成果可以帮助超市根据消费者的购物习惯更合理地安排货品陈列，提升购物体验。研究消费者的消费行为可以让我们知道尿布与啤酒放在一起或草莓蛋糕邻着手电筒可以增加销量，这正是一直以来大数据分析中不断被强调的一个优点，即结论的直观化。直观化是一种技巧和手段，它能使实验数据解读起来更加容易。企业内部的数据分析人员必须要清楚理解分析过程中观测到的情形，而直观化对这一过程非常有效。

改善企业环境的第三步则是从采用不同视角出发，更好地利用数据和信息技术从而提高工作效率。每家企业都有很多数据，数据利用得当可以帮助企业提高生产效率。提高效率因经常被人们提及，已然成为一种陈词滥调。然而，就企业内部而言，提高工作效率依然非常重要。通过大数据来提升企业内部的运转效率可以分为两个方面：一方面，利用传感器技术，原材料的内部流转可以被有效地监控和管理，从而有效减少人工、存货及物流三个方面的成本；另一方面，大数据分析的过程可以帮助识别出企业价值链中无效的工作环节，通过节减这些无效环节，重构工作流程，从而使工作效率最大化。到目前为止，制造型企业通过增加机器设备和采用计算机辅助技术替代传统的人力已经大幅地提高了生产效率。进入大数据时代，原材料、产成品、机械设备等都配备了各种传感器和标签，这些传感器和标签能够实现实时交互并记录数据，生产效率又得到了极大的提升。相比过去，如今的数据更加健全、生成和积累速度越来越快，企业可以从一个全新的视角入手提高生产效率。通过实时获取各种传感器上收集的数据，企业还可以详细准确地做出预测并进行有效的控制。由于企业供应链管理中的长尾效应，若对初始原材料供应预估不当，企业下一步产成品环节会出现不小偏差，最终会影响企业实际销售额。因此，采用实时数据进行准确预测和监控，实际需求和供给之间的偏差可以降到最低，同时也能降低存货成本和物流成本，生产效率自然也就上去了。下一代电力管理系统就提供了类似的现实应用，这款叫作智能电网的技术将 IT 和目前的电力系统融合在一起，装载多种传感器和仪表，能够帮助电力生产企业准确掌握电力消耗的实时趋势，满足了企业提高生产效率和管理效率的需求。通过数据的这种双向流动，监控可以做到更加细致，还可以实现机器设备的远程检修，即使机器设备出现故障也能够实现自我修复。这一方面提高了能源效率，另一方面根据电力消耗的实时数据合理分配电力输送，大大提升了面对突发情况的应变能力。在美国，原材料生产和加工企业已经摒弃了先前的机器出现故障之后再去修理的传统方式，升级为"状态监测"方式，即工程师们主动监测各个机器状态，防止故障的发生。不过，预料之外的故障还是会发生，生产线还是需要暂停下来进行维修，只是通过实时监测和分析机器温度、震动幅度及生产量等信息，工程师们能最大限度地将这种故障概率降到最低，即使发生也会提前准备好解决方案以缩小生产线的影响范围。非结构化数据与结构化数据一样可以帮助提高生产率。企业内部的生产和发运单据也可以通过数据分析来提升文件利用效率。通过合理管理文件或影像存储路径可以有效降低检索信息的时间和成本，这也是大数据的另一个应用特征。

改善企业环境的第四步就是公司内部的决策者们需要有一个客观的视角。当企业尝试新的挑战，做出一系列决策时，总会出现不同的声音和立场。如果此时能有客观的数据以佐证，决策制定者们可以消除偏见、避免短板，从而得出一个大家都认可的结论。做出决策是管理层的一个非常重要的职责，很多企业就是因为做出一个错误的决定，最终难逃倒闭的厄运。对于经验丰富的决策者来说，遵循决策制定的规则非常重要，但这种规则有时会阻碍我们做出正确的决定。不过，如果这种规则能够有大数据分析技术做保障，得出的结论将会更加合理。以石油和天然气行业为例，这些企业通常采用安置在地壳中的大型传感器网络系统来寻找油气田的确切位置并进行开发，这些传感器可以准确定位地下油气能源的位置并分析地质结构，这能有效降低开发成本和运输成本。为了在这种企业的决策制定过程中充分利用大数据技术，一个合理规划的数据处理流程非常重要。因为大数据本身并不能为决策制定过程提供帮助，决策制定的最佳流程离不开企业对大数据的合理利用。

改善企业环境的最后一个步骤则是创造出新的价值，并要确保这种新价值能为新商业计划服务。巧妙利用大数据需要我们开发一种全新的企业管理模式。大数据的最终目的是为了识别出以往被忽视的问题，以及识别客户动态的潜在价值或者为这些客户创造新的价值。在能源行业，连接网络的传感器及自动化反馈系统可以有效改善能源消耗模式。电力公司通过采用智能仪表，实时掌握电力消耗的状态和成本，可以准确识别用电高峰以采用最优控制应对电网超载现象。通过这种最优控制，电网系统的超载程度可以有效降低。另外，自动导航系统近期取得的进步也是这方面一个很好的例子。如今的自动导航系统已经超越了以往电子地图和全球定位系统的单纯结合，它能够根据每条道路上的传感器搜集路况信息并传送到导航系统，导航系统内部的中央处理器接收这些路况信息并进行分析，再根据消费者的出行需求个性化推送最佳出行路径。得益于这些技术创新和大数据分析，汽车燃料消耗效率变强，出行者也可以节省出行时间避免堵在路上走走停停。在不久的将来，这个导航系统还可以识别驾驶员的行车安排和情绪状态，主动为司机推送最佳目的地。这些未来技术的发展都告诉我们收集并分析详细的数据是多么重要。

为了最大限度利用大数据技术的优势，相应的数据处理技术开发自然迫在眉睫，也就是说，哪些种类的问题需要进行特定处理？哪些人员来管理这个流程可以最大限度提高工作效率？这个过程的着眼点并不在于问题本身是什么而是如何快速解决这些问题。也就是说，这个过程最重要的一面就是有效识别出实际的问题。大数据分析技术可以帮助我们在这一过程中识别问题背后蕴涵的信息。总的来说，大数据分析过程分为三个步骤。首先是观察，大数据分析并不一定要求数据的量一定要大，只有经过分析了的数据才是有效数据。因此，通过观察，我们必须第一时间决定拟采集的数据。第二步是量化，这一步要求观察是一个系统化的过程，不能仅仅依靠简单数据的累积，这就需要更开放更多样的量化方式。最后一步则需要进行演绎推理，例如，我们已经搜集了诸多关于人们使用智能手机的数据，接下来就需要推测人们愿意使用智能手机的原因。

除此之外，大数据分析所需的人力配置也需一并到位。根据麦肯锡的研究报告，到 2018 年，仅在美国地区就有一万四千名到一万九千名具备大数据深入分析能力的数据科学家缺口，此外还急缺 150 万了解大数据并依靠大数据做出最佳决策的管理者[10]。

现如今，数据呈爆发性产生。在数据仓库中总能找到解决紧急问题的办法。然而，这些解决办法并不仅仅针对大数据。正如之前所说，数据积累越多就意味着我们需要过滤更多无效的数据。因此，通过在大规模数据中正确识别出有效信息，我们可以更有效地分析大数据，以此帮助企业在制定未来战略时开阔视角。

1.4 大数据相关的几个重要问题

未来大数据如何发展并不明朗。大数据的商业运用潜力已俘获了一大批粉丝，然而，关于大数据是否真如理论上那样可运用于诸多领域仍有很多质疑。正确理解关于大数据的一些问题及我们如何应对这些问题决定了大数据是将成为公司的一项宝贵资产，还是变为一个巨大的麻烦。

关于大数据最具争议的一个问题就是个人隐私安全与保护的问题。因为"大兄弟"[1]（负责监督公民信息机构）经常与大数据一同出现且对大数据的使用也愈加频繁，我们不得不开始考虑公民个人信息曝光的界限及特定机构使用前应当被赋予适当的权限。这个问题已经引起大家广泛的重视，不同意见的双方仍争执不下。

另一个问题则是数据滥用。随着数据的不断丰富，不法分子可以篡改信息以掩盖其真实身份。2002 年的一部科幻电影《少数派报告》里描述了一个相当前沿的犯罪预防系统，叫作"预防犯罪"。这个系统可以提前预测犯罪倾向来减少罪行的发生。但该系统存在一个很大的问题就是，政府部门往往将未来可能会发生的事情作为真实发生的事情，并以此为证据逮捕所谓的犯罪分子。这个故事告诉我们完全依赖大数据还会降低企业的运转效率。我们必须意识到大数据分析只能作为我们行动选择的参考依据。

数据的获取和分享是其他两个备受争议的话题。其中就包括各国法律有

---

[1] 大兄弟是 George Orwell 1984 年出版的一本小说中的词。大兄弟是通过电视屏幕监控并约束公民的角色。在现实社会中，大兄弟成了社会监管的代名词。

不同规定的开放数据中的知识产权问题。总的来说，开放数据原封不动地被采用属于违反法律，但是一旦这些开放数据经过一定的处理变成另外一种形式，产生新的价值，这样往往被认为合法合规。因此，这就产生了灰色地带，各个国家在对产生新价值的数据处理程度及何谓新的价值意见不一。

美国政府认为公民的言论自由和信息发布比个人权利重要得多，目前已出现许多类似案例，只要企业或个人可以提供特定的公众服务，即使这其中会涉及侵犯公民的个人权利，但政府依然允许这些企业或个人使用公民个人信息和数据。因此，只要利用大数据的公司能够做到在获取政府允许的前提下，遵循正确的步骤并使用匿名数据，这样的数据利用就不会存在上述那些严重的法律问题。欧盟则正好相反，在公民个人权利保护方面，欧盟采取了更为保守的做法，甚至还促进了一项叫作"被遗忘权"法律的生效[11]。2012年 1 月，欧盟修订了其数据保护法律并颁布了一项法令，支持公民个人可以无须法律的特批，自行要求互联网企业删除有关其个人的任何信息，并且于 2014 年 5 月，欧盟法院通过了该法令。估计许多人还记得当年的"谷歌西班牙"案件，案件的原告因为一则谷歌搜索显示的一条 16 年前其拖欠联邦税费的新闻而无法行使资产赎回权，遂将谷歌告上法庭，欧盟法院最终支持了该原告，并要求谷歌公司删除相关信息。根据宪法和其他规章制度规定，资产拍卖时所有信息都需要对外公布。如果该项规定没有执行，信息不够透明，法院法官或政府机构会被认为没有公正处理整个拍卖流程，或者侵犯了债务人权利甚至被怀疑贪污资产。虽然如此，欧盟法院仍然认为显示过往拍卖信息的搜索结果是非法的，并且这无法合理保障数据获取的合规性，因此最终要求谷歌删除关于原告的负面信息。然而，目前与大数据生成相关的各种复杂的问题依然存在，相关的法律法规仍待完善。

参 考 文 献

1. Gartner (2013) Gartner Identifies the Top 10 Strategic Technology Trend for 2013,http://gartner.com/newsroom/id/2209615 (accessed 22 May 2005).

2. Gartner (2014) Gartner Identifies the Top 10 Strategic Technology Trends for Smart Government, http://www.gartner.com/newsroom/id/2707617 (accessed 22 May 2005).

3. World Economic Forum (2012) Big Data, Big Impact: New Possibilities for International Development, http://www3.weforum.org/docs/ WEF_TC_MFS_BigDataBigImpact_ Briefing_ 2012. pdf (accessed 22 May 2005).

4. Laney, D. (2001) 3D Data Management: Controlling Data Volume, Velocity, and Variety,Meta Group(Gartner), http://blogs.gartner.com/doug-laney/files/2012/01/ad949-3D-Data-Management-Controlling-Data-Volume-Velocity-and-Variety.pdf (accessed 22 May 2005).

5. The Economist (2010) All Too Much: Monstrous Amounts of Data, The Economist (Feb.25 2010), http://www.economist.com/node/15557421 (accessed 22 May 2005).

6. Cisco (2014) The Zettabyte Era: Trends and Analysis, 2014 June 10, http://www.cisco.com/c/en/us/solutions/collateral/service-provider/visual-networking-index-vni/VNI_Hyperconnectivity_WP.pdf (accessed 22 May 2005).

7. Hilbert, M. and López, P. (2011) The world's technological capacity to store, communicate,and compute information, Science, 332(6025), 60-65.

8. K omorowski, M. (2014) A History of Storage Cost, http://www.mkomo.com/cost-per-gigabyte-update, reproduced (accessed 22 May 2015).

9. Hahm, Y.K. and Chae, S.B. (2014) Big Data, Changing the Business, Seoul: SERI.

10. McKinesy Global Institute (2011) Big Data: The Next Frontier for Innovation, Competition,and Productivity, http://www.mckinsey.com/insights/business_technology/big_data_the_next_frontier_for_innovation (accessed 22 May 2015).

11. Right to be forgotten is a concept that an individual has the right to request that his or her personal data to be removed from accessibility via a search engine European Commission (2014) Factsheet on the "Right to be Forgotten" Ruling, 2014 May 2013, http://ec.europa.eu/ justice/data-protection (accessed 22 May 2015).

## 第 2 章

网络关系数据分析的基础工具

　　到目前为止，我们对数据的分析仍然主要集中在研究对象自身的属性上。然而，通常来讲，对象的行为都是不独立的，因此，基于整体网络关系的角度来分析对象就显得尤为重要。有句老话：如果想了解一个人，最好先从他身边的朋友入手。这句话提醒我们要脱离对单一对象的分析，更需要关注对整个网络关系的分析。为了从网络关系的角度来分析大数据，需要一个合适的基础工具。接下来会为大家介绍一些应用较广泛的网络关系分析软件：UCINET（加州大学欧文分校网络软件）,NetMiner,R,Gephi 及 NodeXL。UCINET和 NetMiner 是较为综合性的软件，能应用不同的技术手段来分析网络关系。NodeXL 和 R 则更多聚焦在统计特性的分析。而 Grephi 更多关注于数据可视化方面。通过 NodeXL，网络关系数据可以在 Excel 中读取，并进行基本的分析和可视化处理。

2.1 UCINET

UCINET[1]是由 Linton Freeman 开发的，用来分析不同类型的网络关系数据。UCINET 中的前三个字母 UCI 是加州大学欧文分校的缩写，是为了感谢软件创建人 Freeman 在 UCI 任职教授期间的贡献。UCINET 后来得到了 Steve Borgatti 和 Martin Everett 的合作改进，目前该软件是市面上使用率最高的网络关系分析软件。UCINET 允许研究者使用不同的分析工具，如形貌测量中的密度分析和聚类分析，包含整个网络的结构、自守性及其他特性的结构对等性分析。另外，数据转换可以通过网络分析软件中自带的各类特征函数及统计分析工具来完成。UCINET 的下载地址是 www.analytictech.com。

如图 2.1 所示是最新版的 UCINET6 的界面。程序安装完成后，会出现一个小的窗口用来导入文件中的数据，最初显示的是程序的默认文件夹。窗口上方的菜单栏包括了 File,Data,Transform,Tools,Network,Visualize,Option 和 Help。其中［File］选项包括更改默认文件夹和编辑数据文件的功能。依次选择"File>Change Default Folder"，可以改变之前存在的默认文件夹。而选择"File>Text Editor"，则可以运行 Microsoft Notepad 程序来编辑文件中的数据。

［Data］选项用来打开或保存数据文件。UCINET 不仅可以导入 Excel、text 文件中的数据，也可以导入其他网络分析软件中的数据，如 DL（数据语言），Krackplot,Mage,Pajek 及 Metis。此外，研究者可以分析网络边缘和节点处的数据列表，这样就使得软件能分析的网络数据规模大大增加。与 UCINET 兼容的 DL 数据格式，是一种用来描述数据集的语言。DL 文件可以与 Notepad 组

合并在软件中调用。表 2.1 中的 A、B[1] 呈现了 DL 的文件格式，其中 dl 表示该文件是 dl 格式的，而矩阵的大小用 nr（行数）和 nc（列数）来表示。例如，一个正方形矩阵，用 nr=4 或 nc=4 表示，也可以表示成 n=4 的全矩阵形式。变量的名字在 labels 中，数据可以输入在变量名字下方的对应列中。当输入变量名称和数据时，需要注意的是不能留下任何空格部分。

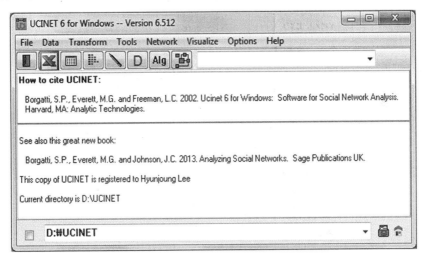

图 2.1　UCINET 6 的界面

对于不是 DL 格式的数据，软件内部的函数"Data>Data editors>Excel Matrix Editor"或"Data>Data editors>UCINET Spreadsheet"可以用来直接插入和编辑数据。节点的名字输入在 UCINET Spreadsheet 的第一行和第一列相交处。"Data>Export"用来选择数据并保存为所需要的格式。"Data>Display"用来在 UCINET 内部直观地查看数据，当选择 Display 命令时，ucinetlog 文件被打开，从中可以读取有关数据分析的结果信息。保存的 UCINET 数据是用双文件的形式记录的，真实的数据文件赋予##h 扩展名，有关数据信息的文件用户采用##d 的扩展名。##h 的文件是可以用来进行数据分析的。

---

[1] 为了解释数据，采用了钢材交易的数据，见表 5.1。

在［Transform］选项下，是有关数据转换或建立数据关系矩阵的名字的功能，如数据二分、对称、重编码、反转等。"数据二分"的命令将数据重新配置为 1s 和 0s，1s 表示数据满足某项特定条件，0s 表示特定条件不满足。"对称"是将数据转换成只关注其关联性，忽略其指向性。在 UCINET 下二分和对称的操作是通过 "Transform>Dichotomize, Symmetrize" 来选择的。其中 transform 状态可以在选择 option 的选项后再进行操作。

［Tools］选项包括了对网络数据的分析和统计分析。在［Tools］的下拉菜单里，主要包含多维排列、聚类分析、一致性分析、奇异值分解、因子分解、相关度测量、一元分析，也包含了星座图和树状图分析。

例如，"Network > Density >Density" 可以用来判断表 2.1 中二分数据的中心度和密度。图 2.2（a）中的 No. of Ties 代表网络中的关联数量，Avg Degree 代表平均关联度。如图 2.2（b）所示，中心度可以通过 "Network >Centrality" 或 "Power > Degree" 的指令来得到。分析结果表明，从 out-degree 来看，日本和中国是出口钢材到四个不同国家。而从 in-degree 来看，美国从六个不同国家进口钢材，中心度指标是 0.5938，表明从 in-degree 的分析角度来看，进口国家之间具有很高的中心度。

UCINET 软件的一个局限性是［Visualize］选项不能直接在软件内部对分析结果进行可视化，而必须借助外部的可视化工具，如 NetDraw、Mage 及 Pajek。当在下拉菜单中选择 "Visualize > NetDraw, Mage, Pajek" 时，会弹出一个独立的窗口，研究者可以在窗口中选择想要可视化的数据。NetDraw 是由 UCINET 研发团队的成员之一 —— Steve Borgatti 开发的。它包含了多种二维可视化技术，可以看成 UCINET 软件的可视化扩展。图 2.3 展示了表 2.1 中钢铁出口网络关系的可视化结果，它就是通过 NetDraw 得到的。

```
ucinetlog1.txt - Notepad

File Edit Format View Help

DENSITY / AVERAGE MATRIX VALUE
--------------------------------
                        1     2     3
                    Density No.of Avg De
                            Ties  gree

                    ------ ----- ----
1 DL_Iron and Steel  0.222   16  1.778
    _ Articles_GT_0
```

（a）密度

```
ucinetlog2.txt - Notepad

File Edit Format View Help

FREEMAN DEGREE CENTRALITY
--------------------------------------------
Network 1 is directed? YES
Degree Measures
                1      2      3      4
            Outdeg  Indeg nOutdeg nIndeg
            ------ ------ ------ ------
    1    S.Korea 3.000 2.000 0.375 0.250
    2      Japan 4.000 2.000 0.500 0.250
    3      Brazil 1.000 0.000 0.125 0.000
    4     Canada 1.000 1.000 0.125 0.125
    5      China 4.000 2.000 0.500 0.250
    6     Mexico 1.000 1.000 0.125 0.125
    7  Singapore 0.000 1.000 0.000 0.125
    8   Thailand 0.000 1.000 0.000 0.125
    9        USA 2.000 6.000 0.250 0.750

Graph Centralization -- as proportion, not percentage
                1      2
            Outdeg  Indeg
            ------ ------
          1 0.3125 0.5938
```

（b）中心度

图 2.2　UCINET 分析的密度和中心度结果

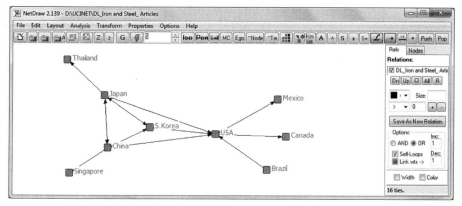

图 2.3　采用 NetDraw 的可视化分析结果

表 2.1　DL 数据格式

A. DL_矩阵格式									B. DL_边缘列表格式		
dl nr=9, nc=9									dl nr=7 nc=8 format=edgelist2		
标签									嵌入标签		
S. Korea Japan Brazil Canada China Mexico Singapore Thailand USA									数据		
数据:									China	Singapore	12257
0	22823	0	0	14831	0	0	0	28725	Brazil	USA	10851
63107	0	0	0	28114	0	0	19641	27989	China	USA	37296
0	0	0	0	0	0	0	0	10851	Mexico	USA	18369
0	0	0	0	0	0	0	0	30789	Canada	USA	30789
36613	15227	0	0	0	0	12257	0	37296	Japan	China	28114
0	0	0	0	0	0	0	0	18369	Japan	Thailand	19641
0	0	0	0	0	0	0	0	0	Japan	S.Korea	63107
0	0	0	0	0	0	0	0	0	S. Korea	China	14831
0	0	0	45999	0	29782	0	0	0	Japan	USA	27989
									S. Korea	USA	28725
									S. Korea	Japan	22823
									USA	Mexico	29782
									USA	Canada	45999
									China	Japan	15227
									China	S.Korea	36614

除了 NetDraw 外，还有一种 3D 数据可视化的软件 Mage，该软件最初开发是为了进行分子建模[3]。需要注意的是，必须得提前安装好软件才能进行可视化操作。Pajek（斯洛伐克语中的"蜘蛛"）比喻一个复杂的网络结构就像蜘蛛编的网一样，这个软件可以帮助研究者通过简单的分析来解构复杂的网络关系。Pajek 的优点是可以与 Photoshop 兼容，后者能通过简单的转换为研究者提供高分辨率的图片。

[Options] 选项提供创建、编辑与 UCINET 相连的软件中的默认文件夹的功能。

2.2　NetMiner

NetMiner[3]是由 CYRAM（一家韩国公司）开发的。该软件不会单独保存分析文件，而是在一个统一工程中管理分析结果。而且基于网络分析指数的可视化操作也相对简便，这样使得该软件非常适用于网络关系分析。同时，该软件兼容 Window 系统，也包含了一系列的分析功能模块。在 NetMiner4 版本中，软件允许多次重复运行，同时也提供了基于 Python 脚本语言的编程环境。NetMiner4 的下载地址是 http://netminer.com。

图 2.4 展示了 NetMiner4 的工作环境。❶标题栏表明当前在 NetMiner 下运行的文件名。❷主菜单包含了 File, Edit, Data, Map, Transform, Analyze, Statistics, Mining, Visualize, Chart, Window 及 Help。这些选项用来进行数据输入/输出、管理、分析和可视化。❸工具栏提供操作的快捷窗口。

主菜单中的［File］包含了数据的输入/输出功能。除了 text 和 Excel 文件外，一些兼容 NetMiner 的网络分析软件的文件都可以被导入或导出。输入数据可以是边列表、矩阵或关联列表的格式。边列表数据格式包含了源数据、目标数据和权重，而关联列表格式包含了源数据、目标数据 1、目标数据 2……。研究者可以直接选择"File > New > Project > Blank Project，Singleton Project"或"File > New > Workfile commands"来输入新的数据。［Blank Project］选项用来管理独立数据集，［Singleton Project］选项用来直接在无标题的数据节点和程序生成的网络中插入数据。

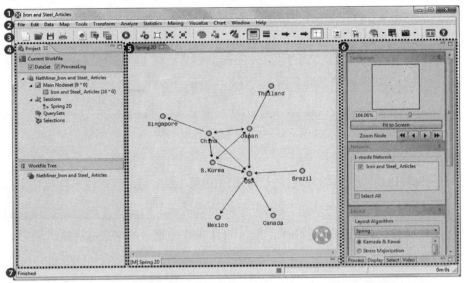

❶标题栏　❷主菜单　❸工具栏　❹数据管理区域　❺数据编辑/输出区域
❻处理控制区域　❼状态栏

图 2.4　NetMiner4 的工作环境

[Edit] 选项可以用来编辑数据。Data 选项用来创建新数据或输入/输出数据。[Map] 选项用来扩大或缩减可视化网络的大小，或者改变网络内部的指向性。[Tools] 选项包含允许重复运行的脚本环境、矩阵计算、查询管理。[Transform] 包含了改变网络方向和数值、提取节点和链接数据、拆分合并网络，以及转化网络类型（如将一个双模网络变成单模网络）。

[Analysis] 选项提供了一系列的网络分析模块。UCINET 中的密度和中心度的分析同样可以在 NetMiner 中运行。密度分析通过"Analyze>Properties>Network"操作来完成。图 2.5 是分析的结果。中心度分析通过"Analyz > Centrality>Degree"来完成。分析结果的子标签包括 [R]、[T]、[M]，其中 [R] 表示结果报告，[T] 表示表格，[M] 表示地图算法。地图算法采用的是 Kamada 和 Kawai 开发的 Spring 布局算法[4]，该算法中节点的位置与最小路径距离呈线性关系，并且假设非相邻的节点对之间存在理想的平均距离。

• Output Summary

<u>NETWORK PROPERTIES</u>

	# of Links : O(m)	Density : O(m)	Average Degree : O(m)
Trade relationships	16	0.222	1.778

（a）密度

[R] Main

• Output Summary

<u>DISTRIBUTION OF DEGREE CENTRALITY SCORES</u>

MEASURES	VALUE	
	In-Degree Centrality	Out-Degree Centrality
MEAN	0.222	0.222
STD.DEV.	0.202	0.184
MIN.	0	0
MAX.	0.75	0.5

<u>NETWORK DEGREE CENTRALIZATION INDEX</u>
59.375% (IN), 31.25% (OUT)

[T] Degree Centrality Vector

		1	2
		In-Degree Centrality	Out-Degree Centrality
1	Japan	0.250000	0.500000
2	S.Korea	0.250000	0.375000
3	USA	0.750000	0.250000
4	China	0.250000	0.250000
5	Brazil	0.000000	0.125000
6	Canada	0.125000	0.125000
7	Mexico	0.125000	0.125000
8	Singapore	0.125000	0.000000
9	Thailand	0.125000	0.000000

（b）中心度

图 2.5　采用 NetMiner 分析的密度和中心度结果

［Statistic］选项为不同类别的网络统计分析提供选择。表 2.2 给出了 NetMiner4 采用的选项（算法）。［Mining］选项用来识别网络数据呈现出的模式。［Visualize］和［Chart］选项提供不同的可视化和图算法来对网络进行可视化分析。［Windows］选项用来隐藏或显示子窗口。［Help］选项用来打开有关 NetMiner 问题或更新的帮助命令。

表 2.2　NetMiner 中采用的算法

变形	分析	团	角色	统计	可视化
指向性	邻近	N-派	SimRank 算法	MDS	布局
对称	度	n-链	位置	一致	制图
转置	自我中心网络	k-丛	块模型	分解	弹簧

（续表）

取值	结构孔	k-核	中间人	协方差矩阵	MDS
对分	同质性	λ集	领结模型	主成分	聚集
反转	同配性	团体	扩张/塌陷	要素分析	分层的
归一化	等价中心性	凝聚块	特性	频率	循环的
重编码	子图	s-派	网络	基尼系数	简单的
缺失值	二段普查	集中	群组	幂次定律	双模式
对角线	三段普查	度	模型	描述性	图表
节点集	三段组合	核数	相互作用（p1）	交叉表	饼图
自我中心网络	关联	亲密度	指数随机图模型	方差分析	矩阵图法
重编码器	最短路径	衰退	块模型	相关	面积条图
链接集	全路径搜索	中间性	双模式	自相关	箱线图
影响范围	全周期搜索	流动中间性	度	回归	星座图
线状图表	从属	R.W.中间性	中心度	逻辑回归	等值线图
链接归约	连通性	负载	中介中心性	挖掘	曲面图
链接归约仿真	最小割	信息	亲密中心性	频繁子图	网络等高线图
矩阵	最大流	特征向量	特征向量中心性	分类	网络曲面图
向量化	寻径网络	状态	最大匹配	回归	
图层	拓扑分类	能力		协同过滤	
分离	影响	影响		简化	
合并	适用性	网页排名		聚类	
多元	扩散	通用网页排名		异常检测	
模式	影响网络	网页点击数		文本	
双模式网络	线性阈值	社区			
单模式网络	凝聚	等价			
主节点属性	组件	结构			
树结构	子组件	定期			

❹**数据管理区域**是由［Current Workfile］和［Workfile Tree］组成的。［Current Workfile］包括基本的数据分析和可视化单元，如数据集和过程日志。数据都是基于数据集的，而数据集又包含了主节点、子节点、单节点网络数据、双

节点网络数据。数据集中的这些内容用来对网络进行分析和可视化操作。集合节点在单节点网络中是主节点，而在双节点网络中则是子节点。分析处理的结果记录在过程日志中。Current Workfile 中的操作可以另存为一个新的工作文件，而多个工作文件可以作为一个文件列表在［Workfile Tree］中进行管理。在一个工程中包含多个工作文件能帮助研究者更加便捷地管理数据。图 2.6 展示了样本 Iron and Steel_Articles[2] 的数据结构和数据集。图中双节点的网络数据图表明了所有的九个国家出口的 Iron and Steel 和 Articles of Iron and Steel。

❺**数据编辑/输出区域**的窗口在［Current Workfile］中的某一个数据集被选中时会被激活弹出，被激活的数据可以在 NetMiner 中直接进行编辑或添加。分析和可视化结果在数据输出区域中呈现。在 NetMiner 中，数据编辑、分析和可视化在单个域内进行。

数据分析和可视化选项在❻**处理控制区域**中选择，根据所选择的不同分析命令可以激活不同的选项。

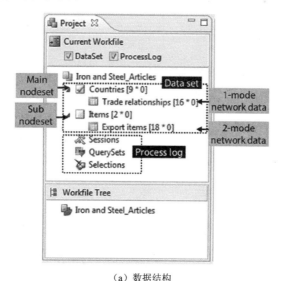

（a）数据结构

图 2.6　NetMiner 的数据结构和数据集

---

[2] 为了解释数据，采用了钢材产品的交易数据，见表 5.1。

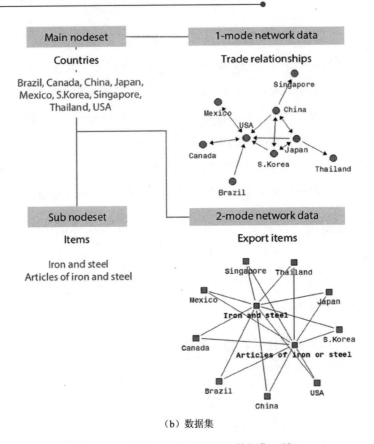

（b）数据集

图 2.6 NetMpiner 的数据结构和数据集（续）

2.3 R

R 是基于脚本语言的开源统计分析和图形分析软件，下载地址是 www.
rproject.org。采用 R 进行网络分析时需要另外安装软件包，如 sna、igraph 和
egrm。这些软件包是为了特定功能而开发的[5]。目前，已经有 5738 个软件包
被安装在 R 中，也使得 R 成为功能最全面的分析和可视化程序之一。图 2.7
是 R 运行时的初始界面。

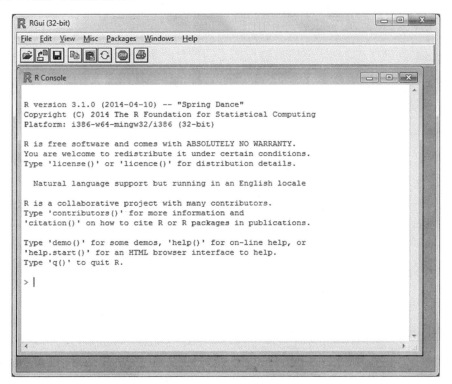

图 2.7　R 的操作界面

　　R 的主菜单包括 File, Edit, View, Misc, Packages, Windows 和 Help 功能。[File]选项包括打开新的脚本窗口或保存脚本的选项。R 控制台、R 图形窗口、R 编辑窗口是几个主要分析工具。R 控制台用来输入实际的分析脚本，R 图形窗口用来进行可视化分析。同时，由于脚本不能直接在 R 控制台中进行编辑，所以需要使用 R 编辑窗口来对其进行编辑和执行。为方便起见，建议研究者将 R 编辑窗口进行合并。这三个窗口是作为不同的文件进行保存的。尽管也可以保存为 text 文件，但 R 控制台文件实际上保存为*.RData 的扩展名。R 编辑窗口的运行结果保存为*.R 文件。

　　[Edit]选项用来在 R 控制窗口中编辑脚本和数据。[View]选项用来显示或隐藏工具栏和状态栏。[Misc]选项用来对控制窗口的输出结果进行管理，暂停当前的运行程序，执行过程中的缓冲选项。[Package]选项用来下载不同的分析算法并在 R 中运行。除了基础的 R 程序外，还有大量的开源工具包存在，都需要研究者根据不同的分析目的来下载相应的工具包。安装工具包时，需要选择"Packages > Install Packages"，这样会激活[CRAN[3] mirror]，选择正确的国家，依照弹出的安装指示窗口按步骤进行操作。为了网络分析的需要，"igraph"已经默认安装在 Packages 的列表中了。[Windows]选项用来对不同的窗口进行排列整理。[Help]选项为研究者提供了 R 的使用手册和常见问题。

　　表 2.3 中是使用 R 的 igraph 工具包对 Iron and Steel_Articles 数据[4]进行网络密度和中心度分析的结果。在 R 中进行数据分析需要研究者自己编写脚本，如表 2.3 所示。为了更清楚地展示，网络可视化结果也放在该表格中。在实际使用中，可视化有关结果是在单独的 R 图形窗口中呈现的。

---

[3] R 软件是由很多研究者和开发者共同完成的，相关的分析工具包可以在 R 的主页 CRAN（R 综合档案网）镜像上进行下载。在 CRAN 镜像上选择国家/地区和合适的语言，然后可以下载 R 软件和相关的工具包。

[4] 为了解释数据，采用了钢材产品的交易数据，见表 5.1。

例如，我们采用 Fruchterman 和 Reingold 开发的布局算法[6]，该算法是基于强度原理的，假设顶点处体现排斥力，而边缘处体现吸引力，图形分析结果经过迭代计算后得到。换句话说，当不同节点之间的连接距离低于指定标准时，体现出排斥力；而当节点之间的距离大于指定标准时，体现出吸引力。这种假设关系与弹簧的原理相同。如果没有连接关系存在，假设各个节点之间只存在排斥力。最初的节点位置是随机产生的，当图形稳定后，算法会不断对位置信息进行迭代操作，直到得到平衡状态。

表 2.3　R 脚本程序和运行结果

```
> library(igraph)
> #Create a directed graph using adjacency matrix
> Iron_and_Steel_Articles< -
graph(c(5,3,6,3,4,2,4,8,4,1,4,3,2,3,7,3,1,4,1,2,2,1,2,4,1,9,3,6,1,3,3,7),directed=T)
> V(Iron_and_Steel_Articles)$name< - c("Japan"，"S.Korea"，"USA"，"China"，
"Brazil"，"Canada"，"Mexico"，"Singapore"，"Thailand")
> data
IGRAPH DN– 9 16 --
+ attr: name (v/c)
> plot(Iron_and_Steel_Aricles, layout=layout.fruchterman.reingold)
```

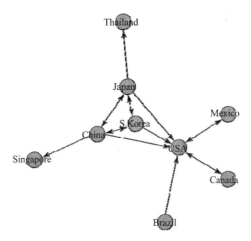

```
> graph.density(Iron_and_Steel_Articles)
[1]  0.2222222
> degree(Iron_and_Steel_Articles)
```

```
Japan S.Korea USA China Brazil Canada Mexico Singapore Thailand
6 5 8 6 1 2 2 1 1
> degree(Iron_and_Steel_Articles, mode=c( " in " ),loops=FALSE,
normalized=TRUE)
Japan S. Korea USA China Brazil Canada Mexico Singapore Thailand
0.250 0.250 0.750 0.250 0.000 0.125 0.125 0.125 0.125
> degree(Iron_and_Steel_Articles, mode=c( " out " ),loops=FALSE,
normalized=TRUE)
Japan S.Korea USA China Brazil Canada Mexico Singapore Thailand
0.500 0.375 0.250 0.500 0.125 0.125 0.125 0.000 0.000
0002585378.
```

2.4　Gephi

Gephi[7]是由法国贡比涅技术大学的研究生于 2008 年开发的开源软件，用来对动态网络进行分析、搜索和可视化处理。尽管已经有多种分析和可视化的软件存在，但 Gephi 的优势在于更加专注于节点的属性。采用不同的颜色和大小来表示不同的节点，这样能提供一个更加直观的可视化分析结果。

Gephi 不仅用来分析网络数据关系和可视化，还可以解决多种类型的网络问题，如生物网络、通信网络、互联网拓扑、端到端共享网络、线上社交网络、金融网络、语义网络和组织网络。另外，Gephi 支持电子表格，CSV, DL（UCINET），VNA（NetDraw），NET（Pajek），GML, GEXF, TIP, GDF 和 ZIP；允许研究者输入/输出多种格式的数据。优化后的可视化结果支持不同的格式输出，如 SVG、PDF 和 PNG。Gephi 的下载地址是 http://gephi.github.io[5]，同时，外接的工具包使得 Gephi 能应用更多的功能。图 2.8 是 Gephi 的操作界面，包括❶主界面、❷管理界面、❸处理控制区域、❹可视化区域、❺分析输出区域和❻工作区。

在❶主界面（File, Workspace, View, Tools, Windows, Plug-in, Help）中，［File］选项用来打开或保存 Gephi 文件，或者新建 Gephi 文件并导入外部数据。Gephi 中产生的文件保存为*.gephi 的扩展名。［Workspace］选项的功能与 NetMiner 中的 Workfile Tree 类似。如果研究者想要管理 Gephi 文件中的新数据，会打开一个新的工作区，数据被导入工作区内。不同工作区中的数据移动可以通过❻工作区

---

[5] 文中软件的信息是基于 Gephi 0.8.2 版本的，它是目前最新的版本。

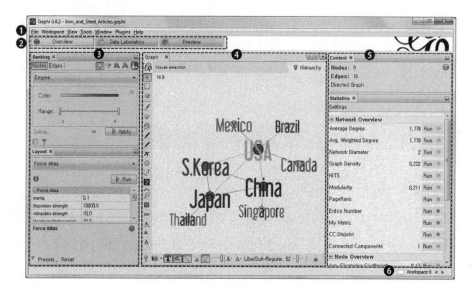

❶主界面　❷管理界面　❸处理控制区域　❹可视化区域　❺分析输出区域　❻工作区

图 2.8　Gephi 的操作界面

中的◀▶来完成。[View] 选项用来对工作窗口全屏操作，[Tools] 选项用来加载外接程序的功能，以及软件安装时的选项和语言。Gephi 目前支持英文、法文、俄罗斯文、西班牙文、葡萄牙文、中文和日文。[Windows] 选项包含分析和可视化的功能，如聚类、上下文、数据表、控制台、过滤、图形化、层级、布局、分区、预览、预览设置、排名、欢迎、统计、时间轴、配置窗口和关闭窗口。当选中命令时，会出现新的选项：❸**处理控制区域**、❹**可视化区域**、❺**分析输出区域**，可以用来执行额外的命令。[Plugins] 选项通过安装不同的外接软件来提供更多功能选项。[Help] 选项可以用来更新软件的命令。

　　❷**管理界面**提供 Overview、Data laboratory 和 Preview 选项。[Overview] 窗口是进行大多数操作的地方，在里面可以对可视化的结果进行移动、修改和编辑。[Overview] 中的可视化结果也可以在 Preview 窗口中提前观察，以此来进行验证。有关数据分析结果的具体信息呈现在 Data Laboratory 窗口中。[Data Laboratory] 是数据管理区，用来对运行命令中选择的数据进行直观判

断。同样，Gephi 允许研究者导入 CSV 格式的数据，导出数据表。在导出可视化结果之前，最终审定的内容可以在［Preview］中进行修改。图 2.9 是 Gephi 的 Data Laboratory 和 Preview 窗口。

在❸**处理控制区域**中，当［Windows］选中时会弹出具备指令选项的执行选项卡。❸**处理控制区域**、❹**可视化区域**和❺**分析输出区域**都涵盖在❷**管理界面**中；其中，❺**分析输出区域**在［Data Laboratory］中，Data Table 选项的底部提供研究者插入、修改和编辑数据的功能。

❹**可视化区域**中提供数据可视化的结果，并且可以定制不同的可视化选项。"Windows > Ranking"操作能在❸**处理控制区域**中创建一个新的选项卡，用来控制节点、边界和标签的颜色及大小。Gephi 提供 2D 和 3D 的可视化功能，研究者可以选择不同的布局算法，如 Fruchterman-Reingold, ForceAtlas, Yifan Hu Multilevel, Circular, Radial Axis,Geolayout。另外，可以选择布局算法中的［Layout Adjust］选项来选择性地执行布局算法；当［Layout Adjust］选项被选中后，可视化结果的标签不会重叠。其他的一些可视化算法需要装载额外的工具包来实现功能。

节点和边界的数量及图形的特性（指向或非指向）在❺**分析输出区域**的［Context］选项中体现。［Statistics］选项可以体现 Gephi 数据分析的部分结果。其中，密度分析的结果可以通过"Statistics > Network Overview > Graph Density"的操作来验证。中心度分析的结果可以通过"Data Laboratory >Data Table"的操作来验证。为了分析和可视化解读 Iron and Steel_Articles 中的数据，研究者首先要导入 CSV 格式的数据，并且选择"Data Laboratory > Data Table Tab > Import Spreadsheet"的操作打开一个新的窗口用来选择需要导入的文件。数据选项中有关分隔、边界、节点、表格和字符集的必须被选中。当数据被导入后，可视化的结果呈现在 Overview 和 Preview 的窗口中。通过"Overview> Graph Tab"得到的可视化结果呈现在图 2.8 中，通过"Preview > Preview Tab"得到的可视化结果呈现在图 2.9 中。通过"Overview > Statistics"对分析结果

进行的验证呈现在图 2.8 中，通过"Data Laboratory > Data Table Tab"对分析
结果进行的验证呈现在图 2.9 中。

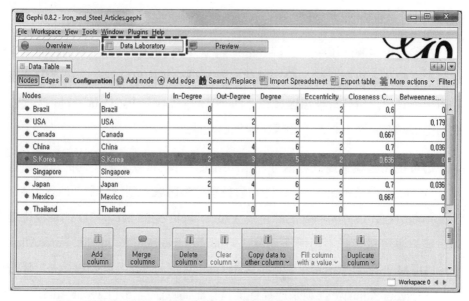

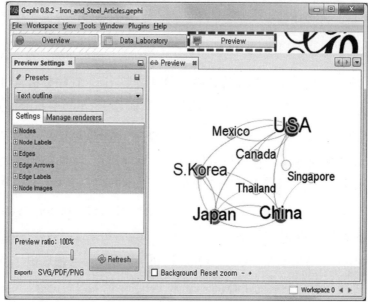

图 2.9　Gephi 的 Data Laboratory 和 Preview 窗口

另外，Gephi 中的 Timeline 操作（"Windows > Timeline"）可以用来展现动态网络关系，因为通过 Timeline 的操作允许研究者依据时间相关性对节点、边界进行增加和移除。而且，在 Gephi 中，正在运行的工作环境是被实时保存的。当 Gephi 下次被打开时，之前研究者设定的工作环境能够直接调用。因此，可以创造一个研究者独有的分析和可视化环境。

2.5 NodeXL

NodeXL[8]是一款免费开源的软件，采用 Office Excel 模板来对网络数据进行收集、分析和可视化。NodeXL 是由社交媒体研究基金会研发的，后续也有开发者对软件进行持续更新。NodeXL 可以从 UCINET、GML、Pajek 中导入/导出矩阵格式数据，从 Twitter、YouTube、Flicker 或电子邮件中收集网络数据。另外，插件功能可以使该软件从 Facebook 个人主页、Facebook 粉丝页面、Facebook 群组页面、MediaWiki 网络、Exchange Server 网络、ONA Survey 网络及 VOSON 超链接网络中提取数据。NodeXL 的下载地址是 http://nodexl.codeplex.com/。如图 2.10 所示，当 NodeXL 模板被选中时，会打开 Excel，NodeXL 的菜单栏选项也会被集成到 Excel 的菜单栏末尾处。在 NodeXL 中，数据在一个区域中呈现，另外一个单独的区域用来呈现图形化关系。

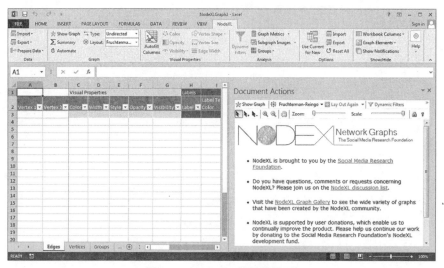

图 2.10　NodeXL 的操作界面

NodeXL 的主菜单包含了 Data, Graph, Visual Properties, Analysis,Options 和 Show/Hide 选项。[Data] 选项提供数据创建、导入、导出的功能。[Graph] 选项提供布局算法的选项用来在工作区中生成图形结果。[Visual Properties] 选项提供对图形边界和顶点款式的自定义选项。[Autofill Columns] 选项能帮助研究者同时对分析结果值，边界和顶点的大小、颜色及形状进行自定义操作。当选择 [Analysis] 的 Graph Matrix 时，可以执行不同的网络分析，包括全局图度量、点度中心性、中间中心性、接近中心性及聚类分析。[Options] 选项提供基于研究者特定需求的数据导入/导出功能。[Show/Hide] 选项用来显示或隐藏数据表格和图形。

当 NodeXL 用来对 Iron and Steel_Articles 的数据进行分析和可视化时，在屏幕的下端会出现 [Vertices] 选项，可以提供关于每个独立节点的分析结果。[Overall Metrics] 选项提供网络分析结果的整体特征。为了验证图形结果，研究者可以进行"Actions> Refresh Graph"操作或进行"Layout（Algorithm）> Layout Again"操作。

参 考 文 献

1. Borgatti, S.P., Everett, M.G., and Freeman, L.C. (2002) Ucinet6 for Windows: Software for Social Network Analysis, Harvard, MA: Analytic Technologies.

2. Richardson, D.C. and Richardson, J.S. (1992) The kinemage: a tool for scientific communication, Protein Science, 1(1), 3-9.

3. Cyram (2014) NetMiner4, Seoul: Cyram Inc.

4. Kamada, T. and Kawai, S. (1989) An algorithm for drawing general undirected graphs. Information Processing Letters, 31(1), 7-15.

5. Butts, C.T. (2008) Network: a package for managing relational data in R, Journal of Statistical Software, 24(2), 1-36.

6. Fruchterman, J.T. and Reingold, E. (1991) Graph drawing by force‐directed placement, Software Practice and Experience, 21, 1129-1164.

7. Bastian, M., Heymann, S., and Jacomy, M. (2009) Gephi: an open source software for exploring and manipulating networks. International AAAI Conference on Weblogs and Social Media.

8. Smith, M., Milic-Frayling, N., Shneiderman, B. et al. (2010) NodeXL: A Free and Open Network Overview, Discovery and Exploration Add‐In for Excel 2007/2010, http://nodexl. codeplex.com/ from the Social Media Research Foundation, http://www.smrfoundation.org (accessed 22 May 2015).

## 第 3 章

了解网络分析

先前的研究都建立在研究对象相互独立的基础之上，然而，网络分析研究往往会预先假定研究对象是相互影响的。基于这个假设，网络分析需要构造一个定量测量规律的模型。模型中认为研究对象之间并不完全独立，做出的行为也不是自发的，主体之间能够相互影响，这种影响就像自来水管道或石油管道。并且，与过去的研究方法不同的是，现在的研究认为个体在群体中的地位能够限制他/她的行为，或导致诸多巧合的发生。换句话说，行为主体们有着相互依存的关系，资源在他们之间传播，进而形成一个社交网络，但根据各主体地位的不同，他们表现出的行为也会有所不同。因此，可能研究最初是从个体行为开始，但最终都会落脚到背后的群体及个体与群体之间的连接关系上。

3.1　定义社会网络分析

社会这个概念涵盖了国家、企业、群体及在一个组织或社会中相互影响的个体。这些相互作用演变成社会关系，也就是现在大家熟悉的社会网络这个词。一种关系的产生可能最初仅仅由相互认识开始，并且处在不同情境下可以演变成不同的种类。例如，进出口国家之间、制造型企业和提供原材料企业之间，还有学生与教授之间。还有许多偏感知或感性的关系，如出于感激、友谊、尊敬还有排斥。不同的行为也会形成不同的关系，如销售、购买、交流、支持甚至移动。

社会关系中的各行为主体是相互影响的，这就帮助他们保持或拓展相互的关系。当某个个体选定一个特定的产品或开发新的技术时，他往往会听取其他人的意见或与人合作来完成共同的目标，而不是独立做出决定或独自采取行动。因此，充分了解社会成员相互之间产生的影响非常必要。然而，迄今为止，我们的研究视角还局限于行为主体的个体特征，忽略了主体间关系的重要价值。也就是说，我们会假定研究对象完全处于真空状态，不受关系网络中其他对象的影响，并且也不考虑研究对象所处的环境或关系地位变化的影响。在成员数量越多，彼此关系越复杂的社会网络研究中，这种假定更会被采用。一般情况下，缺乏兴趣、数据的可获得性及社会关系的复杂程度会导致这种假设的采用。

什么样的社会关系可以被有效识别呢？2000 年时，像 Twitter 和 Facebook 这种社交平台开始对社会网络和关系产生兴趣。借助计算机技术的进步，个体沟通欲望的激增，大数据的获取开始变为现实。与此同时，社会网络分析

（SNA）技术也取得了不小的进度，开发出许多帮助理解社会网络的基本工具。SNA 在特定的情境下能够将社交网络中的动态交互及这种交互对网络结构的影响清晰明了地展示出来。

　　SNA 是一种模拟个体间社会关系的研究方法，通过节点和链接线来识别网络类型和演变路径。这种方法最早出现于 20 世纪 30 年代澳大利亚的精神病专家莫雷诺博士的社会计量研究中[1]。莫雷诺博士在他的研究中采用社会计量法衡量个体间喜欢和不喜欢表现出的行为，识别个体在群体中包容与排斥的动态过程。这些计量方法可以帮助识别特定个体在群体中的地位，能够计算出一个群体的亲密指数。最近的研究已经开始转向网络结构的动态演变过程，并且将研究范围扩展到社会科学之外，如涉及工程科学和自然科学。

　　尽管早期的社会学实证研究都建立在个体特征和独立性的基础之上，SNA 却假设行为主体是相互影响的，并且这种相互影响的系统模型是可以被定量研究的。该方法还认为社交网络中个体的行为模式并不是独立或自发做出的，而是像能源管道一样相互影响。除此之外，SNA 还认为个体在群体中的社会地位能够影响群体行为模式，这也是 SNA 与以往其他实证研究方法相比最显著的特点。也就是说，SNA 假设群体中的各个体是相互依存的关系，信息资源通过各种关系网络传输，群体行为模式会受个体社交地位的限制或影响。因此，尽管 SNA 是以个体行为为出发点的，但它的研究内容还囊括了群体及群体中个体间的相互关系。

　　最近一段时间，SNA 还被运用在其他学科领域，如知识管理、人力资源与组织管理、犯罪调查、营销和客户关系管理、网络服务及结构生物学等。

3.2 SNA 的基本概念

3.2.1 基本专业术语

1. 参与者或节点

这里的参与者代指个人、公司、社会组织、国家、产品、动物或实体，在 SNA 中表现为一个节点。尽管我们使用参与者这个词，但并不意味着这个个体一定要在群体中履行某项职责或采取一项行动。

2. 关系或链接

参与者处在一个社会网络中，这在 SNA 中以链接代表。社会关系可以被分类为基本关系、感知或情感关系及行为关系[2]。

3. 双边关系

因为一种关系的搭建需要两个不同的参与者，社交网络是众多这种双方关系搭建的集合体，因此 SNA 分析是以这种双边关系为单位的，这种双边关系连接着参与者双方，促进双方的相互潜在影响。对双方关系的研究着重在于交互性及关系的独特性。

4. 三边关系

对三边关系的分析包括三个参与者之间的联系及背后形成的潜在子群体。这种分析着重关系的传递性及参与者之间关系的平衡。三边关系中关系的传递是指现存双边关系向另一双边关系的潜在传递，进而形成三边关系[3]。例如，要研究 A、B 和 C 之间的三边关系，如果参与者 A 与 B 关系较好，B 与 C 关系较好，则我们可以推断 A 与 C 关系也会较好。这种三边关系的平衡源自关系中三方的心理上的平衡，以及维护关系时三方地位的平衡。因此，如果参与者 A 与参与者 B 关系较好，处于第三方的 C 往往会有同样的反应；而如果 A 与 B 关系不好，则第三方 C 的反应会有所不同。

5．子群体

网络中所有的相关联个体构成一个群体。子群体可以看作参与者之间原生关系和次生关系的子集合。因此，在子群体内部，各成员之间的关系会更直接，联系也更加频繁，相互交流信息，这也使得大家行动更为一致，也更为团结。同一个子群体内部成员间形成的诸多关联往往很少甚至几乎不受外界影响，各成员会形成统一的思维模式、外观特征及行为方式，如现实中的军队、球队、工作团队、恐怖组织及犯罪集团等。

6．网络

网络是由诸多参与者（或叫节点）及他们之间的关系（链接）共同构成的，因此，不同性质的参与者、群体或关系形成的网络特性也有所不同。同一个网络可以从整体网络和自我中心网络两个方面进行分析，其中，整体网络的分析包含了网络中的所有节点，着重分析整个网络的内部结构及节点之间的链接构造；而自我中心网络则以单个节点为视角，强调某特定节点如何与其他节点联系。

3.2.2　网络的表现形式

1．图表和矩阵

在实验分析中，图表可以直观清楚地展示出网络中的所有节点和连接线，还可以展示用数学和统计方法进行网络分析的矩阵图。矩阵或图表中一个节点可以与自身关联，这就形成自循环或叫自反链接。在图表中，自循环表现为某个节点与自身形成的环路[见图 3.1（a）]。在矩阵中，自循环以斜角线的赋值来表示[见图 3.1（b）]。

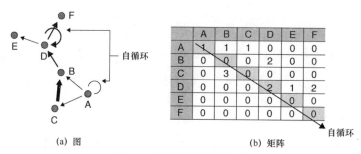

(a) 图　　　　　　　　　(b) 矩阵

图 3.1　网络关系图和矩阵

2．路径和距离

网络中不同节点之间的连接包含了路径和距离两个概念。路径用来代指两个节点之间的连接，是数据测量里一个非常重要的参数。一条路径在一个节点和一条连接线上只能走过一次。因此，一个图表会有若干种连接某两点的不同路径，其中最短的一条涵盖的连接线最少。在网络分析中，两点间的距离并不等于物理意义上的远近，而是某条特定路径连接两点时包含的连接线的多少。因此，两点间仅有一条连接线时叫作"直接连接"，如果有多条连接线，则被称作"间接连接"。在图 3.2（a）中，节点 A 与 B、C、F 均为直接连接，而 A 与 G 则为间接连接。从图 3.2（a）可以看出，A 与 G 之间有两条间接连接路径：路径 1（A-F-G）和路径 2（A-B-E-G），很明显，路径 1 更短。

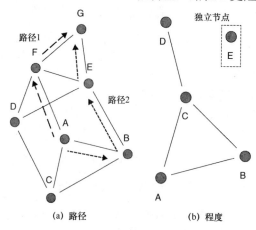

(a) 路径　　　　　　　　　(b) 程度

图 3.2　路径和程度

3．程度

一条连接线两段的节点被看作相互毗邻，相互毗邻的节点数目被称作中心度。因此，节点在网络中中心程度的大小反映了其在网络中的活跃程度及对其他节点的影响力。与任何其他节点都不相连的节点被称作孤立节点。程度的值从 0 到 $g-1$ 依次增加，其中 g 表示该节点通过连接相通的其他节点的数目。以图 3.2（b）为例，节点 E 因不与其他节点相连，就是一个孤立节点，而节点 C 的程度最强，中心度为 3。在这种包含 5 个节点的网络中，中心度的最大值为 4。节点 B 从节点 A 和 C 方向分别有一个流入的箭头，而向节点 D 方向有一个流出的箭头，意味着信息流入中心度为 2，信息流出中心度为 1。对比来看，节点 D 从节点 B 方向有一个流入的箭头，向节点 E 和节点 F 方向各有一个流出箭头，也就是说，节点 D 的信息流入中心度为 1，信息流出中心度为 2。

中心度的大小代表了不同节点之间的连接线的数量，节点的数量决定了连接线数量的上限。网络中连接线数量的多少代表着该网络的密度。密度可以用连接线实际的数量与最大可能数量值的比率表示。当计算密度时需要排除上文提到的自循环形成的连接线，一般网络中连接线数量的最大值等于节点数量×（节点数量-1）。

4. 组件

如果一个网络中每个节点都至少与其他一个节点相连，不存在孤立节点，则该网络被称为一个组件。如果一个节点能够将某个组件与其他组件分离开来，则被称作分割点，其中，连接分割点与其他组件的连接线被称作连接桥。在图 3.3 中，节点 A 就是一个分割点，节点 A 与 A 之间及 A 与 E 之间的线叫作连接桥。如果分割点和连接桥并不相连，就会形成两个不同的组件，一个包含节点 B、C、D，一个包含节点 E、F、G、H。

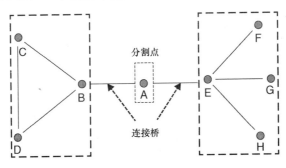

图 3.3　网络组件的分割点和连接桥

3.3 社交网络数据

为更好地进行网络分析，数据需得到一些整理；基于包含节点特性的不同，网络还可以分为单模式和双模式网络结构。随着连接线的方向和赋值的不同，每一个节点和连接都显示着不同的特性。图 3.4 展示了一个网络数据结构的模型。

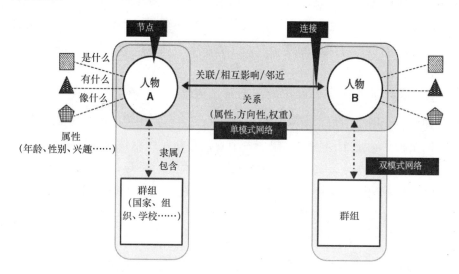

图 3.4　网络数据结构的模型

3.3.1 单模式和双模式网络

根据包含节点的不同特性，一个网络可以分为单模式网络和双模式网络。其中，单模式指网络中的每一个节点都拥有共同的特性，而双模式指网络内部存在两种不同的节点特性[4]。例如，在单模式网络中，节点可能都是个人或都表现为国家，而在双模式网络中，这种节点属性可能变为"人+国家"。现如今，大多数的网络分析都是建立在单模式基础之上的，对于双模式网络，往往会将其转变为单模式再进行分析。这样会导致双模式网络中两个不同特性节点之间的直接关系转变为单模式中相同特性节点之间的间接关系。图3.5展示了在共同包含产品节点和国家节点的双模式网络中，通过将产品A、B和C与国家节点分离，最终形成两个单模式网络："国家与国家"和"产品与产品"，双模式网络中产品与国家之间的直接关系随即变为两个单模式网络之间的间接关系，之前国家之间的直接关系被购买同一商品国家之间的间接关系或卖给同一国家的不同产品之间的间接关系取代。

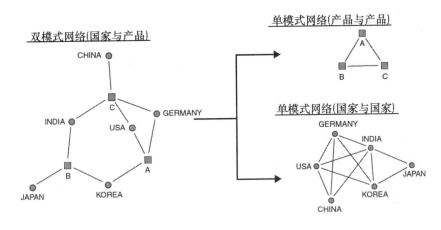

图 3.5　双模式网络转为单一模式网络

3.3.2　特性与赋值

网络中的节点与连接都各有各的特性，另外，连接还有方向和赋值大小之分。例如，节点会以姓名、性别或从属关系进行分辨，而连接会代表节点间的友谊、商务或信任。不仅如此，连接还可以代表一些方向性的关系，假如 A 喜欢 B，则连接可以表示为 A 到 B（A——B）。为说明这种情感关系的浓度，还可以给该连接赋值。一般来说，两个节点相连，主动相连的那一方会被称作源节点，而被动接收的那一方称为目标节点。在上面这个 A 喜欢 B 的例子中，A 就是源节点，B 就是所谓的目标节点（见表 3.1）。

表 3.1　连接指向和赋值

	不赋值	赋值
指向	○———○	○———▶○
非指向	○———○	○———○

3.3.3　网络数据表格

网络数据一般表现为矩阵形式。然而，在有些格式下，网络数据还会表现为链条或单行线形式，不过，这两种形式蕴涵的信息与矩阵相同。在链条形式中，矩阵图中相对复杂的节点关系转变为"源节点与目标节点 1、与目标节点 2······目标节点 n"，数据展示清楚明了，方便快捷，这在多节点网络中优势更加明显。然而，链条形式的缺点在于源节点与目标节点之间的赋值大小无法表示。在单行线形式中，数据都表示为相互关联的一对节点，节点之间的关系大小可以用数值表示。对于矩阵图中的数据，在 m 乘 n 维度的表格中，节点间关系会被赋予 1 或其他数值，若节点之间并无关联，则赋值为 0。一般来说，网络数据会以矩阵形式表示，但当节点数量增加到足够大时，这种矩阵形式会无法准确地表示这些数据。矩阵图中的左边第一列代表源节点，每一列代表对应的目标节点；对角线上的数值代表每一个节点自循环的赋值大小（见表 3.2）。

表 3.2　网络数据格式

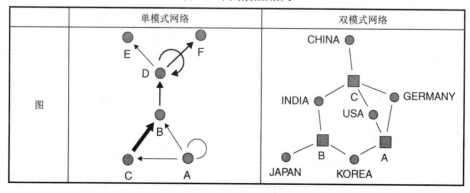

（续表）

矩阵															

第一个表（矩阵左）：

	A	B	C	D	E	F
A	1	1	1	0	0	0
B	0	0	0	2	0	0
C	0	3	0	0	0	0
D	0	0	0	2	1	2
E	0	0	0	0	0	0
F	0	0	0	0	0	0

第二个表（矩阵右）：

	A	B	C
KOREA	1	1	0
JAPAN	0	1	0
USA	1	0	1
CHINA	0	0	1
INDIA	0	1	1
GERMANY	1	0	1

边缘列表

左表：

源	目标	权重
A	B	1
D	F	2
C	B	3
A	C	1
B	D	2
D	E	1
A	A	1
D	D	2

右表：

源	目标	权重
KOREA	A	1
USA	A	1
GERMANY	A	1
INDIA	B	1
JAPAN	B	1
KOREA	B	1
INDIA	C	1
GERMANY	C	1
USA	C	1
CHINA	C	1

连接列表

左表：

源	目标1	目标2	目标3
A	A	B	C
B	D		
C	B		
D	D	E	F

右表：

源	目标1	目标2
KOREA	A	B
JAPAN	B	
USA	A	C
CHINA	C	
INDIA	B	C
GERMANY	A	C

参 考 文 献

1. Barabási, A.-L. (2002) Linked: The New Science of Networks, Cambridge, MA: Perseus Publishing.

2. Knoke, D. and Kuklinski, J.H. (1982) Network Analysis: Quantitative Applications in the Social Sciences, Sage Publications: Beverly Hills, CA.

3. Wasserman, S. and Faust, K. (1997) Social Network Analysis: Methods and Application,New York: Cambridge University Press.

4. Borgatti, S.P. and Everett, M.G. (1997) Network analysis of 2-mode data, Social Networks,19(3), 243-269.

## 第 4 章

采用 SNA 的研究方法

　　网络分析研究往往从识别问题出发，通过实证研究判断问题对象，然后提出假设，最后通过实验分析验证实证问题。当提出假设时，可以考虑参与者中的属性变量及其他有关变量。但在进行网络分析时，我们不仅要考虑相关变量，还需要设定一些特殊的假设，这种假设会考虑诸多方面，如参与者之间的关系特性，这些特性足以影响参与者的属性变量，还能改变参与者之间的关系。一项完善的研究计划需要包括准确定义何为节点、何为连接，并就此形成网络模型，此外，还需要清晰指出搜集数据的方法。根据不同数据的形式，目前可行的数据搜集方法多种多样，一般有问卷调查、访谈、观察、网络、传记等。搜集来的数据一般都用矩阵表示，这其中包括许多非结构数据，为更好地完成网络分析，数据整理就显得尤为重要。验证假定的假设关系能否得到肯定也有一个特定的程序，可能需要用到不同的指数及网络分析技巧。社会网络分析的最后一步就是合理解释实验结果并对眼下识别出的问题得出结论。这里有个难题就是，网络从来不是固定不变的，可以说一直处于不断变动中，这就要求实验分析能够反映这种不断变动的特性。

4.1 SNA 实验程序

社会网络分析研究大多是识别节点与连接之间的关系结构，并解释这种关系的影响。因此，有关社会网络的实证分析都是通过识别问题、提出假设来验证这些关系数据的。在提出假设的过程中，参与者关系变量和参与者属性变量同时需要考虑。不能认为只有关系变量才与网络分析相关。其他的变量，如与参与者属性相关的其他变量及参与者属性对关系产生的影响都需要在提出假设时考虑在内。

验证提出的假设首先需要设计一个周全的实验方案，能够清楚地定义节点和连接，选择适当的方法进行数据搜集，这里的数据搜集方法包括调查问卷、访谈、观察、网络及文献综述。数据搜集之后还需要对其进行整理，将这些原始数据转变为适合网络分析的形式。有时还需要将网络数据转变为非结构化数据。

数据整理之后就要开始采用不同的分析方法来验证之前提出的网络关系假设，最终根据实验结果，形成结论，解决问题。然而，需要注意的是，网络不可能一成不变，它在不断地变动，因此，我们有必要进行后续的跟踪实验来关注网络特性的进化程度（见图 4.1）。

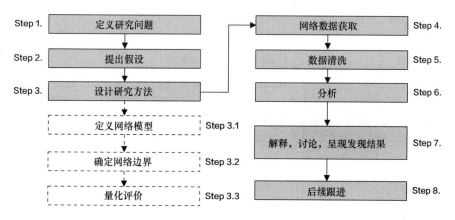

图 4.1　研究流程

4.2　识别实验问题和建立假设

4.2.1　识别实验问题

到目前为止，进行网络分析的大多数实验都把重心放在参与者特性及行为方式之间的关联上。然而，与其说假设同类的参与者会产生同样的行为，不如先识别出参与者之间的关系，然后去验证与这种关系相关的一些行为特征。这样会产生一种结果，网络分析实验会去检查行为者之间的特性和关系，这一研究重心与早期的大部分社会科学实验都非常不同，早期的社会科学实验仅注重行为者特性，而忽略了行为者之间的关系。行为者之间的关系可以延伸到识别特性之间的关系。当人们做出某种行为时，这种行为通常会影响到周围的其他人，通过这种相互影响，大家之间的关系也就建立了起来。在这些关系中，个人会同时扮演接收者和行为者两种角色。在这种不断地重复识别两个人之间关系的过程中，往往会发现一个群体共有的某个特征，正是这种共享的特征，这个群体的成员才会表现出类似的行为。关系的建立并不仅在于个人之间，例如，国家之间会因为对外贸易建立贸易伙伴关系，这种贸易往来中自然存在进口方和出口方。不仅如此，那些收入水平类似的国家在产品需求上也会类似。根据市场上交易的产品类型，我们大致可以推断出这个国家的影响力及这种影响的方向，甚至可以推断出这个国家的发展状况。网络分析要求我们不仅要弄清楚研究对象具体是什么，还要充分地理解和解决研究的问题。这里的研究问题就需要提出两个或多个变量之间的关系建立到什么程度，以及在网络实验中，它还必须包括一些关系变量。不仅如此，研究问题还需要保证在获取实证证据的基础上能清晰准确地得到问题的答案。

4.2.2 建立假设

实验人员在识别研究问题的同时还要建立一个实验假设。这个假设用来描述变量之间的关系。如果待研究的问题属于变量间的因果关系类，这时的假设就需要明确提出谁是因，谁是果。然而，假设存在的意义并不仅仅在于定义变量之间的关系。提出一个有意义的假设需要我们的研究人员判断如何测量变量，以及如何获取数据来验证之前提出的假设。不仅如此，假设还需要用简单通俗的术语描述出来，这样可以帮助理解目前的实验结果及对未来做出的预期。

网络研究会研究行为者特性及与行为者之间关系的规律，这些特性或许包括节点、相互关系、整个网络或群体。行为者之间的关系可以大致分为相似性、社会关系、互动行为及信息流。相似性建立的关系包括空间位置上的相似性、所属机构的相似性或相似的某种属性，如性别、年龄等。社会关系包括血缘关系、社会角色、情感上的喜恶或一些认知活动，如知识交流或共享某一特定类型的知识。互动行为包括交谈、建议、帮助甚至是伤害，在这些互动行为中，人们互换各自的信息、资源和信仰。通过研究对象的特性及他们之间关系的类型，网络研究能够解释关系中蕴涵的结构化模型、各种特性对关系的影响及这种关系本身对其他因素的影响。特别是，网络研究可以识别节点或群体的特性和相互之间的关系，如一些节点之间关系上发生的某些特定的改变与节点本身的特性改变有关，关系特性上的改变也能带来节点特性的某些变化（见表 4.1）。

表 4.1 网络分析中的假设类型[1]

	独立变量	因变量	示例
节点级别	网络特性	网络特性	中心度→中介中心性
	网络特性	行为属性	接近中心性→物理性能
	行为属性	网络特性	吸引力→中心度
成对级别	网络连接	网络连接	共同工作→朋友关系

（续表）

	独立变量	因变量	示例
成对级别	网络连接	属性相似度	朋友→组织公平的态度
群体级别	属性相似度	网络连接	抽烟→朋友关系
	网络特性	网络特性	群体密度→群体平均路径长度
	网络特性	群体属性	群体密度→群体表现
	群体属性	网络特性	群体中女性的比例→群体密度

4.3　研究设计

4.3.1　定义网络模型

识别变量之间的关系，基于识别出的关系提出研究假设，接下来就要明确相关的节点、关系等定义。网络模型的功能在于将复杂的现实通过简洁的节点和连接清晰地展现出来。

1. 定义节点

节点定义的确立离不开正确识别出实验的分析对象（可以是人、物体或国家），特性类型及水平。例如，当分析对象是公司时，节点可以小到公司员工、部门，也可以大到该公司本身。节点的特性必须包括姓名、性别、部门、职位、部门的组织架构或公司的营业收入。

通常，分析对象单位越小越有利于数据搜集，这样研究较大范围的对象时也相对容易。当确定完节点的单位大小后，下一步就是构造出单一模式或双模式的网络模型，这取决于构成网络的节点属性。不同的网络模式由不同的数据集组成。不同类型的网络需要设置不同的评估指数，为验证先前提出的假设，需要设立一个网络结构雏形。之后，研究人员需要识别分析中会用到的节点特性。从人口统计的特征出发，单个节点的行为变量都包含在节点特性中，网络分析的最终价值也体现在这些节点特性中。

2. 定义连接

研究人员需要测量连接并且将适用的连接与网络中的节点进行匹配。为了定义这些连接，研究人员还需要识别出人类、物体或国家这些不同节点内部关系的不同类型，并且考虑这些关系产生的方向和强度及这些关系的特性。

连接可以分为简单的连接和复杂的连接两种。简单型关系可以是借贷、购买物品等；复杂型关系可以是一个星期内多次相约去看个电影或约着吃饭等。对于复杂性关系，研究人员可以通过搜集数据，整合复杂关系中的多重连接，构造一个清晰的网络结构。当然，如果关系足够简单，使用简单的连接即可构造一个适合数据搜集的网络模型。连接有时也等同于节点之间关系的存在。当需要考虑连接的方向性时，清晰构造出一个节点指向另一个节点的连接尤为重要。应该注意的是，将数据方向性的分析限制在真实关系的范围内，而在分析过程中不再考虑连接的方向性也是可行的。不仅如此，当连接需要被赋值时，建立一个清晰的赋值标准非常重要。例如，连接的赋值标准可以是节点互动的频率或期间。在分析过程中，依据真实存在的关系进行数据分析，对连接赋值会使得分析过程更加精确和细致。连接也像节点一样存在某些特性（如互动开始的时间或互动的类型）。

3．网络模型

不同的网络模型都可以用元矩阵的形式表现出来。元矩阵就是利用节点和连接将所有节点都串联起来的网络模型。表 4.2 展示了一个由不同特性的节点组成的网络，这些不同类型的节点包括人、知识、资源及组织中不同类型的工作。组织内部的信息交流网络可以由组织内部处于不同职位的同事之间的互动充分体现出来，比如上下级之间的互动。组织文化也可以用以知识为节点的网络构建出来，组织成员通过不同的知识类型建立连接。

表 4.2　元矩阵

实体	人（1）	知识（2）	资源（3）	任务（4）
（1）	互动网络	知识网络	资源网络	任务网络
	谁跟谁讲话，工作，汇报	谁知道什么消息，专业技能	谁有能力介入，利用哪些资源	谁被安排做什么任务
（2）		信息网络	资源技能需要网络	任务技能需要网络
		不同知识类型之间的联系	利用资源的知识	完成任务需要的知识
（3）			替代品和协调资源网络	任务资源需要网络
			资源之间的联系	完成任务需要的知识
（4）				任务步骤网络
				与任务相关的任务

定义元矩阵的方法多种多样[2]，并且随着节点和连接类型的增加，矩阵的规模也随之扩大。不仅如此，元矩阵的对角线覆盖到的格子代表单一模式的网络形式，其涵盖的节点都具有相似的特性，矩阵图中其他的格子则代表双模式结构的网络，双模式网络中的节点蕴涵的特性则各不相同。

4.3.2　建立网络边界

对于社会网络研究，尤其是研究行为者、行为者构成的群体或社会现象时，研究人员必须确定待分析的范围界限。因为网络特性一直是动态变化的，行为者之间的关系一直处于变动之中，最开始确定的研究范围可能到最后大相径庭，因此限定好网络分析的界限非常重要。限定好网络的边界范围并不容易，因为参与的行为者数目众多，研究人员很难统计出具体数字，并且由于网络中行为者地位的变动，研究人员也很难确定组织结构图。网络边界范围需要由研究对象决定。因此，为解决这个界限的难题，关键在于采用有效的方式对节点和连接进行抽样检查。

建立网络边界的方法有两种，分别是现实法和名义法。现实法中，完全由分析对象即现实情况确定网络边界；而名义法中，完全由研究人员自身的研究兴趣主观判断网络的边界。名义法会出现这种情况，研究人员认为某个行为者属于待分析网络的群体成员，而该行为者或许并不这么认为。一旦网络边界确立下来，研究人员就要开始对边界内部的对象来一次彻底的研究分析。通常网络数据并不呈钟形分布，因此仅选出部分样本或许会发现一些明显的偏差。例如，要描述由 40 位学生组成的班级的血缘关系网络图，如果仅选出 10 位同学作为样本代表，其结果很有可能有很大的偏差。不仅如此，选出的学生样本不同，描绘出的网络结构图也会有所不同。但是如果研究人员对待分析人群的整体情况有足够了解，且这种了解足够帮助他选出最具代表性的子群体样本，这样也可以弥补其不做彻底分析的不足。例如，对一所大学的全体学生进行分析比较困难，但是我们选择特定的某个学院或某一届学生进行调查也是可行的。当识别出某个子群体的所有成员比较困难时，研究人员还可以采用滚雪球方法。滚雪球方法一般用于从外部无法确定群体的范围时，可以先选定其中一个行为者进行访谈和分析，然后通过这位行为者识别其周边熟悉的人再进行分析，如此下去一步步圈定群体范围。这种确定研究对象的方法要求研究人员最开始就要识别出在网络关系中较活跃的节点，该节点可以轻易连接到其邻近节点，并且可以轻易获取到新的其他的节点。如果选中的节点在网络中并不活跃，无法与外界建立过多联系，则仅凭此确立研究参与人员的范围会非常困难。因此，研究人员最初凭直觉选定的节点与外界保持足够数量的联系非常重要。

确立网络边界的另一个注意事项是选择节点还是连接作为网络边界的基础。如果选择节点，研究人员需要确定是哪些节点；如果选择连接，研究人员需要确定关系的类型并限定关系的范围。因为建立网络边界需要研究人员客观和主观的判断。所以研究人员还需要建立一套清晰适当的标准来匹配当前的研究。

4.3.3 测量评估

社会网络分析通常会重点关注社会结构展现出来的模式。这些社会结构展现出的模式相对持续稳定，因此，与社会网络相关的研究通常会分析相对持续稳定的互动模式而不是无法预料的特殊情境下产生的互动类型。当进行社会网络研究时，研究人员需要保障测量的准确性和稳定性，并能在网络数据搜集时有效识别误差[3]。不仅如此，行为者自身提供的数据也会影响测量的质量。

1. 测量的准确性

测量的准确性是指研究人员测量的结果与真实状况接近的程度。如果测量时没有准确捕捉到测量对象，这种系统性错误会在接下来的重复测验中重复出现。社会网络研究通常是假定表面效度的有效性。因此，对于测量对象和测量方法，所有研究人员和研究对象都必须在这些测量程序上达成一致。表面效度的测量过程中，每一项测量内容都必须看起来是符合测量目的的。

例如，在测量组织内部的信任关系时，研究人员为组织成员提供了一份组织成员的花名册，要求大家指出哪个成员是最值得信任的，这就叫作表面效度。在测量过程中，我们还可以得到测量项目的结构效度。结构效度用来评估概念运用得是否恰当精准。当无法直接测量某个概念时，研究人员还可以采用其他与操作定义相关的测量。在社会网络研究中，对参与研究的行为者进行筛选与表现结构效度的行为者特征息息相关。

2．测量的可靠性

测量的可靠性是指用不同的测量方法对同一个对象进行测量时得出结果的相似程度。通过不断重复测量两个数据集或测量两个数据集联系的程度可以评估出可靠性程度。网络并不是静止不变的，甚至在很短的时间内就会有很大的变动，这增加了多重测量方式来测量可靠性的难度。因此，可靠性一般通过参与者回应内容和回应频率来进行评估。

3．测量偏差

当测量结果与先前观察到的现象不一样时就出现了测量偏差。在网络研究中，偏差通常出现在测量某个项目或观察的过程中。当研究人员给被询问者提供一系列待选答案时，网络分析的偏差就会产生，因为这些被提供的答案可能并不适用该被询问者。例如，让参与者从某个固定的表格中选出组织内部最值得信任的三个同事时，可能这个表格里并不包括该参与者真正信任的那些人选，这种情况下被询问者选出的答案就与真实情况不符。

4．测量的准确度

在测量评估过程中，需要额外考虑的一件事就是测量的准确度。因为社会网络研究中用到的数据是基于参与者之间的互动及互动双方的反应的，能否搜集到准确的信息非常重要。研究经验表明行为者对于非常环境做出的行为无法提供准确的信息，而对于常规环境做出的反应是可以提供足够准确的信息的。一般的网络研究通常偏向分析模式相对稳定的网络结构，对于非常规环境下的社会网络分析并不多见。但并不是说非常规模型的网络分析不会涉及。然而，对于网络研究来说，常见的、可复制的场景展现出的互动和数据的确比特殊的、例外的场景下的数据提供的测量结果准确许多。

5. 数据的采纳和剔除

网络研究是以行为者之间含蓄的及明确的各种关系为基础的，因此，研究者在使用和剔除数据的全程都必须确保对行为者隐私的保密。基于行为者的个性特征，节点名字必须在数据分析之前进行匿名，并且还需要建立一个对应的表格，确保获取的信息能够足够安全地保存。相比处理信息以识别出某个特定的人或某件事，网络研究更加注重网络结构如何构建及网络呈现出的不同结构这些宏观方面，因此，在使用或剔除数据时，研究人员需要对个人信息给予适当的保护。

4.4　网络数据的获得

网络数据的获取渠道众多，如问卷调查、访谈、观察、实验及文献记载等[4]。

4.4.1　问卷调查

采用问卷调查获取数据时，通常会用到译名调查法。这种方法要求受访者留下某个特定的名字或从已经做好的花名册中任意选择一个。调查问卷中的问题也可以事先进行分类，以缩小应答者提供答案的范围。

1．花名册和任意命名

根据研究人员是否提供可供选择的花名册，问卷调查可以分为花名册调查和任意命名调查。在花名册调查中，研究人员事先制作出一个可供应答者选择的人员清单，清单一般会足够完整，这样可以大大减轻应答者回答的难度，整个过程都能被研究人员有效地控制。然而，这种方法的一个不足就是，应答者的答案多种多样，当既定的答案清单无法涵盖某个应答者的拟回答范围，而应答者不得不在不符的答案中选择一个最接近的答案时，真实的情况往往会被扭曲。相反，任意命名调查法允许受访者直接给出心中的最理想答案，这种方法一般适用于研究人员无法预先知晓受访者拟回答的范围时。这种方法下，受访者一般要花费较多的时间想出最佳答案，且可能后期无法解决同名问题，还很有可能给出的答案完全不在待研究的对象范围内（见表 4.3）。

2．固定选择和任意选择

根据应答者是否可以提供多个答案，问卷调查还可以分为固定选择及任意选择模式。固定选择模式的问卷会提前限制住指定答案的范围，这样可以相对较快地得到利于网络分析的回答，但是当应答者想越过既定答案范围，给出自己心目中的最佳答案时，调查的操作过程可能会被打乱。任意选择模式则并不限制应答者给出答复的范围，他们有充分的自由提供尽可能接近自己真实想法的答案，但是这样做意味着研究人员会搜集到非常多或非常少的可供研究的答复，这样必然会大大降低调查结果的可靠性（见表 4.4）。

表 4.3　花名册和任意命名调查

花名册调查	任意命名调查
选择在过去的一个月中，为你提供过有用信息的人	填写在过去的一个月中，为你提供过有用信息的人的名字
☐Heckerman, J.　☐Lydia, S. ☐Abia, K.　　　☐Tony, M.	_____ _____

表 4.4　固定选择和任意选择调查

固定选择调查	任意选择调查
写下不超过三个人的名字，他们在过去一个月内给你提供过有用信息	写下所有在过去一个月内为你提供过有用信息的人的名字

3．等级及等级的评定

等级及等级的评定是一种对应答者提供的答案人选之间关系强度的赋值过程。在排序过程中，被应答者选出的答案会被赋予一个级别，并同时设定一个相对优先权排位。在等级评定过程中，这些答案即目标人选会被给予一个分数。当对象范围不够大时，仅仅在排序时就足以整理好各标的的前后优先顺序。但是，当对象范围扩大到一定程度后，研究人员必须采用后续的等级评定过程，因为排序时提供的相对级别远远不足以决定诸多标的的前后优先顺序（见表 4.5）。

表 4.5　等级调查和等级评定

等级调查	等级评定
选择（或写下）在过去一个月内提供过有用信息的人名，根据他们提供信息的有用程度进行等级排名	选择（或写下）在过去一个月内提供过有用信息的人名，根据他们的信息有用程度进行 10 分制度的打分
1st rank_____	_____(　)score
2nd rank_____	_____(　)score
3rd rank_____	_____(　)score

4.4.2　访谈、观察和实验

获取网络数据的途径多种多样，如常见的面对面访谈抑或通过电话访谈、视频访谈甚至网络在线方式访谈。然而，不管哪种方式的访谈都有一个限制，那就是访谈会花费大量的时间和成本，尤其是当网络较简单且涉及一个行为者（如自我中心网络）时，这种比重更为明显。

观察获取网络数据是指通过观察行为者之间的不同反应形成有效数据的一种方法。这种方法特别适合小型的群体，群体中每个成员的反应都可以被捕捉到。不仅如此，当很难使行为者对访谈或问卷调查进行回应时，研究人员可以参加一些类似这些行为者出席的晚宴或聚会这样的连接网络，并通过观察来进行数据获取。

用实验方法进行数据获取需要预先分为实验组和实验参照组，并且参照指标也需要预先清晰定义出来。不仅如此，实验人员还必须筛选出一个行为者群体，这样在可控的实验室环境下，这些行为者之间的相互反应可以被观察到。此时，研究人员会记录这些反应，并且通过观察能够理解行为者之间有着怎样的关系。

4.4.3　现存数据

网络数据可以从已有数据中获取，如网页、期刊、报纸、合法的文献记录及组织机构内部的会议纪要等。通过国家之间的贸易数据，我们可以获知不同种类交易商品的流动情况，还能验证出哪一方相对更依赖外贸交易。通过学术期刊浏览，我们可以进行多人联合研究分析、文献引用分析及并发研究，这些都体现出目前学术的发展阶段。

1. 社交媒体数据

社交媒体对于社交网络分析研究来说是一种非常理想的数据来源。我们周围每天都围绕着大量可供分析的数据。这些可供分析的数据包括博客、社会性书签及以 Twitter 和 Facebook 为代表的社交网络平台。博客可以承载大量信息，但同时也意味着这些信息隐藏在长篇大论的字里行间里，筛选起来比较困难，并且博主之间的关系也不是十分清晰，大大增加了分析的难度。通过梳理不同博客之间的联系，我们可以构造出一个单一模式网络；通过分析特定的一个博客和其文章之间的联系，我们还可以形成一个双模式网络。

社会性书签网站（如 delicious.com、digg.com、reddit.com 及 google.com）提供的数据是一种共享数据。用户将其感兴趣的网页收藏起来，并与其他用户进行分享，由此与其他用户通过网页建立联系。社会性书签产生的信息非常重要，通过这类信息可以推测某个用户的兴趣爱好及生活方式。通过这种信息，我们可以构造出一个双模式网络。

社交网站 Twitter 的平台上承载着海量的不超过 140 个字的简短信息。按照 Twitter 用户之间的关系，我们可以构造出五个网络结构，包括粉丝关系、转发关系、井号标签并发关系、标志性标签、资源定位符 URL 使用关系。其中，转发关系最具代表性，构成了对网络分析最有用的信息。重复性的转发显示出该条信息的扩散程度，且展示了网络中的影响结构。一段网址访问关系就可以塑造出访问者和网址或网络标签的双模式网络，这种关系还可以转换成访问同样标签或网址的用户间的间接关系。同时发生关系是一种标签之间的关系，只有在构成标签网络时才会使用。如果用户在推送微博时用到了两个标签，这两个标签之间的关系可以被推断为有意义。Twitter 上的数据信息包括了时间和地点，这也可帮助了解信息在网络中传输的时间、地点及速度。图 4.2 展示了韩国歌手 PSY 在 Twitter 上推送的评论，在其被转发的评论中都包括 RT@YouTube，#RED2 就是一个标签，@psy_oppa 指评论被指向的对象，并且在微博的最后还有一个网址 goo.gl/q9s7j，billboard.com/ articles/news, pic.twitter.com/FdWbMwSvSs。

目前，个人信息安全引起了人们的广泛重视，直接向 Facebook 公司获取用户个人信息绝无可能。因此，在获取 Facebook 上的信息时，研究人员只可以浏览某个用户的个人主页或查看一些公共页，如一些粉丝专页。Facebook

用户登录自己的账号后可以查看自己朋友（一级邻居）的主页，也可以查看朋友的朋友（二级邻居）的主页[5]。表 4.6 展示了 Facebook 上验证的个人网络数据。VARCHAR 代表每个变量的特征，可以看出节点的特性及个人网络间的连接。Facebook 公共主页上搜集的数据包括了点赞、评论及分享等关系，这些可以帮助构成双模式网络。

PSY @psy_oppa - Jul 16
RT "@YouTube: One Year. 1.74 billion views and counting. Happy anniversary to @psy_oppa's "Gangnam Style. "goo.gl/q9s7J"

💬 View conversation　　　↩ Reply　🔁 Retweet　★ Favorite　••• More

PSY @psy_oppa - Jul 12
Billboard – News – PSY Reaches 3 Billion YouTube Views
billboard.com/articles/news/...

Expand　　　↩ Reply　🔁 Retweet　★ Favorite　••• More

PSY @psy_oppa - Jul 12
With ma man ByungHun Lee at his starring #RED2 premier
pic.twitter.com/FdWbMwSvSs

图 4.2　PSY 的 tweets

表 4.6　Facebook 的个人网络数据

nodedef＞name VARCHAR, label VARCHAR, sex VARCHAR, locale VARCHAR, agerank INT
624523815, OOO, male, ko_KR, 56 683882032, OOO, male, ko_KR, 55
818262355, OOO, male, en_US, 54 1848255940, OOO, male, en_US, 48
100000037378613, OOO, male, ko_KR, 46 100000218416480, OOO, male, ko_KR, 45
100000276848796, OOO, female, en_GB, 44

edgedef＞node1 VARCHAR, node2 VARCHAR
624523815, 100001313575816 683882032, 1780775998
683882032, 100000879485010 818262355, 1780775998
818262355, 1822535999 818262355, 1848255940
818262355, 100000009170698

2. 公共及服务器日志数据

国家或一些国际机构组织掌握的公共信息可以用来构造出各种各样的网络。目前阶段，诸多国家，包括美国、英国、澳大利亚还有韩国，都通过一些网址向公众公开一些政府信息来保证政府信息的透明及保障公众的知情权。不仅如此，像联合国及 OECD 的一些国际组织机构也会向不同国家搜集统计数据。

某些公司的服务器上存储的日志文件也可以用于社交网络数据分析。电子邮件及即时短讯中的日志文件显示了网络数据的传输方向，这就形成了信息发送者和接收者之间的关系。

4.5　数据清理

　　数据搜集来之后，我们需要先进行数据清理和数据预处理。搜集来的数据必须先转换成矩阵格式，这样比较利于进行网络分析，但是如何对待关系抽取、连接的方向变化及自循环的标准需要根据不同的数据特性进行预先设定。例如，在上文提到的歌手 PSY 的推送微博中，如果 PSY 推送来自 Youtube 的评论，在网络结构中就会形成一个从 Youtube 到 PSY 方向的连接。相反，如果 PSY 发了一个带标签#RED2 的原创微博，就形成了一个从 PSY 到#RED2 方向的连接。

　　因此，数据的预处理就是将待处理的数据转换成适合研究人员分析的格式。为保证分析结论满足预期设定的目标，我们必须确认获取来的数据已整理为正确的格式。首先，我们需要确定数据的搜集过程是否正确按照预先的设计完成，并且我们是否对不符合预期格式的虚假回应和数据进行了预先筛除。然而，对于单独识别的问卷调查，无效的问卷调查不应该被事先排除，因为其他的应答者调查很有可能会提到这个无效的个体。我们或许已经获取了有着特定方向的数据，但我们仍可以转换数据，以使数据能够符合分析的最初假定，只是我们需要对关系进行无方向分析，或者仅需要分析某一小部分的连接，或者需要对特定的几个节点进行分析，或者连接需要改变方向。数据的转换最开始是随着连接、权重及节点和连接的选定的改变而改变的。

　　为了更好地解释如何进行数据的预处理，我们可以拿钢铁产品的出口数据举例分析。表 4.7 罗列了联合国提供的 2014 年 1 月至 4 月期间各国的贸易数据，其中包括不锈钢和生铁的出口量及四个国家中有关不锈钢和生铁商品贸易的文章。表 4.7A 中矩阵的数值代表对应国家中以百万美元为单位的出口数据。在这种出口关系矩阵图中，每一行代表出口国，每一列代表进口国，我们可以看出韩国向日本出口了 11.84 亿美元的钢铁，反过来日本向韩国出口了 29.95 亿美元的钢铁。表 4.7B 中的 EX_TOTAL 那一列数据代表对应国家在特定时期内外贸出口的合计金额。把贸易关系用可视的网络结构形象地描绘出来可以直观展现出商品从哪个国家流出，流向哪个国家，同时，国家间的连接也会随着贸易额的增加而不断加粗（见表 4.7C）。

因此，可以看出，美国出口到日本的钢铁数量明显少于日本出口到美国的同类数量。

表 4.7　钢铁出口网络数据

A. 出口关系矩阵					B. 节点属性		C. 可视化网络
	S. Korea	China	Japan	USA	Country	EX_TOTAL	
S. Korea		1 483	1 184	1 229	S. Korea	4 504	
China	3 661		1 523	3 730	China	12 423	
Japan	2 995	2 811		1 331	Japan	7 519	
USA	445	732	165		USA	6 642	

4.5.1　节点和连接的提取

根据研究的不同目的，研究人员可以依据特定的实验场景提取特定的节点，由此形成一个新的网络。不仅如此，毗邻的一级节点之间的直接关系及与之相关的特定节点可以被提取出来用于分析。在连接提取过程中，满足某个特定场景特性的特定连接可以同时被提取并进行分析。除此之外，研究人员可以剔除不满足特定条件的连接，使得剩下的数据符合分析的要求。图 4.3 在表 4.7 的基础上构造出了钢铁贸易网络，从节点的属性出发，我们可以看出国际间钢铁的出口交易额超过 50 亿美元；而从连接的属性出发，这一数值为 25 亿美元。

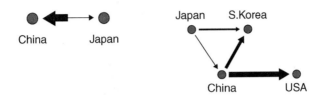

(a) 提取出的节点可视化。节点属性：   (b) 提取出的连接可视化。连接属性：
    总的出口额大于50亿美元   出口额大于25亿美元

图 4.3 提取出的节点和连接的可视化

4.5.2 数据的整合和分离

两个包含完全相同节点的矩阵可以被整合为一个矩阵。一个节点可以通过不同的连接方式与其他节点相连。当对不同赋值的连接进行整合时，我们需要预先设定好整合的方式。当连接的赋值超过两种时，我们还可以采用赋值的合计数、平均数、最大值或最小值。在表 4.8 中，72 号钢铁和 73 号钢铁可以合并统计，形成如表 4.8C 展示的钢铁的合计出口关系矩阵图。根据不同的条件，一个带赋值的矩阵图可以被分为多个矩阵图。将带赋值的矩阵图分成若干份取决于研究人员设定的条件，被转换后的矩阵赋值可以分成以下几个档次：大于、大于或等于，也可以小于、小于或等于设定的某个值。表 4.9 将中国、美国、日本及韩国四个国家间的钢铁贸易值按大于 10 亿美元和大于 20 亿美元进行了分层。当根据贸易数量进行矩阵分拆时，如果矩阵值都大于或等于设定值，我们可以得到一个分层后的矩阵；如果矩阵值都小于设定值，我们将无法进行拆分。

表 4.8 钢铁出口网络数据的合并

A. 钢铁出口_72.					B. 钢铁制品出口_73.					C. 钢铁总出口			
	S. Korea	China	Japan	USA		S. Korea	China	Japan	USA		S. Korea	China	Japan	USA
S. Korea					S. Korea		1483	1184	1229	S. Korea		1483	1184	1229
China					China	3661		1523	3730	China	3661		1523	3730
Japan	2995				Japan		2811		1331	Japan	2995	2811		1331
USA					USA	445	732	165		USA	445	732	165	

表 4.9 钢铁网络数据拆分

A. 交易额>10 亿美元	B. 交易额≥20 亿美元

除此之外，与同一个节点相关的两个矩阵数值可以转换成多元的连接，不同组合的赋值可以通过重新编码，形成新连接的赋值。表 4.10 在表 4.7A 的基础上将钢铁出口关系矩阵图通过重新编码，形成了表 4.10B 及表 4.10A 中的多元连接。

表 4.10 钢铁网络数据多层链接

A. 多元连接	B. 多元连接编码

4.5.3　连接的方向性转换

对称化是指将带连接方向的网络数据转换成不带方向的网络数据。举例来说，就是韩国出口到美国的钢铁贸易关系可以转换成韩国与美国之间钢铁出口贸易的关系。对称化弱化了连接的方向性，更加注重节点之间关系的强度。在表 4.11A 中，非对称的带贸易关系方向的矩阵图转换成了不具方向感的对称矩阵。这时，我们需要先确定特定的标准来形成新的对称矩阵，新矩阵可以根据最大、最小、平均、合计或乘数等按对角线进行对称分布。

表 4.11　钢铁出口网络数据的方向性变化

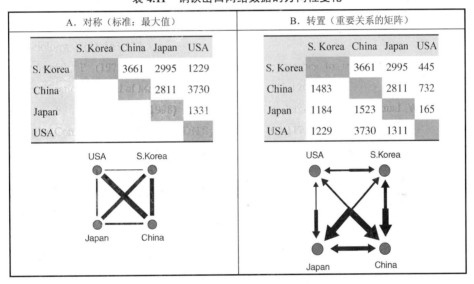

调换是指将矩阵图中的行与列进行对换来形成新网络。因此，源节点和目标节点之间可以相互转换，或者说已获取的数据会以与原先格式相反的形式展现出来。从表 4.7A 可以看出，如果我们打算将钢铁出口关系矩阵图转换成进口关系矩阵图，出口关系矩阵图中的方向都将被颠倒，源节点将被转换成进口关系图中的目标节点。因此，表 4.11B 中的第一列代表进口国家，第一行代表出口国家。从图中看出，韩国从中国进口的钢铁总值为 36.61 亿美元，从日本进口的钢铁总值为 29.95 亿美元。

4.5.4 连接赋值的转换

连接赋值的转换方法包括等分、相反数、标准化及重新编码。自循环网络中也会存在一条斜线反映出原矩阵图中斜线赋值的改变。表 4.7A 反映出了处理出口关系矩阵图时一些赋值的变化。

等分是将带赋值的复杂网络转变为不带赋值的简单网络时最常用的一种方法。如果连接的赋值低于研究人员事先确定的设定值，该连接赋值将取值为 0，如果高于设定值，该连接赋值将取值为 1。表 4.12A 中，当出口数量降低到 20 亿美元以下时，赋值变为 0，当高于 20 亿美元时，赋值为 1。当网络分析需要将搜集的数据转换成相反格式时，需要用到取相反数法。相反数法常用的工具包括间隔和比率。首先，间隔法是呈直线的扭转赋值。换句话说，就是从赋值的最大值和最小值的合计数中排除出预先选定的连接赋值，然后进行相反数处理。在表 4.12B 中，最大值和最小值的合计数为 38.95 亿美元，减去韩国出口到美国的 12.99 亿美元，剩余值为 25.96 亿美元。其次是使用比率法，连接的赋值除 1，被分为若干等份。在表 4.12C 中，韩国出口至美国的贸易数值就为 1/1229。

当对不同测量标准的矩阵进行一同比较时，我们需要先对连接进行标准化。此时，研究人员会预先设定一个测量标准，将之前矩阵中的行与列的赋值转化为预先设定的标准格式。在表 4.12D 中，转化后列的赋值合计数为 1，同时，韩国出口到美国的贸易值为 0.32。

其次，为了简化分析，我们还可以增大赋值的范围，或者重新定义赋值，还可以重新编排。表 4.12E 就对此进行了重新编排：0 到 10 亿美元的赋值取数为 1，大于 10 亿小于等于 20 亿美元的取数为 2，大于 20 亿小于等于 30 亿美元的取数为 3，大于 30 亿小于等于 40 亿美元的取数为 4。

最后，当需要将矩阵图中代表自循环[6]的斜角线赋值进行适当转化时，我们可以采用对角线处理方法。根据研究人员采用的不同的分析方法，自循环的形式可以随之变化，且自循环的赋值也可以随之改变。在表 4.12F 中，矩阵中的对角线取值被设定为 10 亿美元。

表 4.12　钢铁出口网络中的赋值转换

A. 等分				
	S. Korea	China	Japan	USA
S. Korea		0	0	0
China	1		0	1
Japan	1	1		0
USA	0	0	0	

B. 反转（间隔）				
	S. Korea	China	Japan	USA
S. Korea		2412	2710	2596
China	233		2372	165
Japan	900	1083		2564
USA	3450	3163	3730	

C. 反转（比例）				
	S. Korea (%)	China (%)	Japan (%)	USA (%)
S. Korea		0.07	0.8	0.08
China	0.03		0.07	0.03
Japan	0.03	0.04		0.8
USA	0.22	0.14	0.61	

D. 归一化				
	S. Korea	China	Japan	USA
S. Korea		0.38	0.30	0.32
China	0.41		0.17	0.42
Japan	0.42	0.39		0.19
USA	0.33	0.55	0.12	

E. 重编码				
	S. Korea	China	Japan	USA
S. Korea		4	3	1
China	2		3	1
Japan	2	2		1
USA	2	4	2	

F. 对角线				
	S. Korea	China	Japan	USA
S. Korea	1000	1483	1184	1229
China	3661	1000	1523	3730
Japan	2995	2811	1000	1331
USA	445	732	165	1000

4.5.5　双模式网络向单模式网络的转换

如上文所述，双模式网络是由两个不同特性的节点通过相互之间的特定关系构成的网络。如果双模式网络展示出了两个不同节点之间的直接关系，我们就可以将其转换为与单网络节点特性相似的间接关系模式。在这种双模式向单一模式转变的过程中，这种间接关系的相似度，即节点之间关系或连接的相似程度都是可以采用结合性指数进行测量的[7]。

杰卡德系数（Jaccard coefficient）将两行（列）的普通交集、和集的值拆分成 0,1 矩阵。个体相关性（Pearson's correlation）将两个连续数列之间的线性相关性量化成−1 到+1 的值。当两个节点之间存在紧密联系时，个体相关性的值就更接近于+1。斯皮尔曼 ρ（Spearman's ρ）适用于两个非正态分布的连续数列，或者是采用顺序量表测量的数据。通常来讲，由于斯皮尔曼 ρ 没有考虑两个节点之间的线性或非线性，在实际应用时会花费更多的运算时间，因此更适用于小数据量的样本。余弦相似性（Cosine similarity）是从建立的角度描述两个节点的相似性，其取值在−1 到+1 之间。如果两个节点是完全一致的，就被赋予+1；如果两个节点是相互独立的，就被赋予 0；如果两个节点是相反作用的，就被赋予−1。数积（Scalar product）或内积、点积，是不考虑方向性的两个节点的乘积。因其是两个节点的乘积，故只赋予一个值。欧几里得距离（Euclidean distance）是两个节点之间距离的倒数，当两个节点距离越近时，其值越大。

$$\text{Jaccard coefficient} = \frac{v_{11}}{v_{01} + v_{10} + v_{11}} \tag{4.1}$$

$$\text{Pearson's correlation} = \frac{\sum_{k=1}^{n}(v_{ik} - \bar{v}_i)(v_{jk} - \bar{v}_k)}{\sqrt{\sum_{k=1}^{n}(v_{ik} - \bar{v}_i)^2}\sqrt{(v_{jk} - \bar{v}_k)^2}} \tag{4.2}$$

$$\text{Scalar product} = \sum_{k=1}^{n} v_{ik} v_{jk} \tag{4.3}$$

$$\text{Spearman's } \rho = \frac{\sigma \sum_{k=1}^{n}(v_{ik} - v_{jk})^2}{n(n^2 - 1)} \tag{4.4}$$

$$\text{Euclidean distance} = \frac{1}{\sqrt{\sum_{k=1}^{n}(v_{ik} - v_{jk})^2}} \tag{4.5}$$

$$\text{Cosine similarity} = \frac{\sum_{k=1}^{n} v_{ik} v_{jk}}{\sqrt{\sum_{k=1}^{n} v_{ik}^2}\sqrt{\sum_{k=1}^{n} v_{jk}^2}} \tag{4.6}$$

　　在双模式网络向单模式网络的转化过程中，前文所述的贸易统计数据被按照商品类型和出口国家进行分类，以形成双模式网络。在表 4.13 的双模式网络矩阵中，尽管我们无法直观地看出哪一个国家向哪一个国家出口了什么类型的商品，但我们可以清楚知道任何一个国家出口出去的产品种类和数量。图 4.4 和表 4.14 就是包含出口国和出口商品这些直接关系的双模式网络转化为非直接关系的单模式网络图的转换结果。

表 4.13　双模式钢铁网络矩阵

产　　品	S. Korea	Japan	USA	China
钢铁	—	2995	—	—
钢铁制品	1229	1331	445	1523

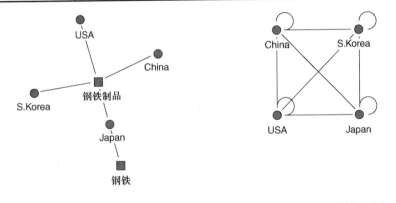

（a）双模式网络（出口：产品—国家）　　　　（b）单模式（出口：国家—国家）

图 4.4　单模式和双模式网络的可视化

表 4.14　双模式钢铁网络转换成单模式

A. Jaccard Coefficient					B. Pearson's Correlation				
	S. Korea	China	Japan	USA		S. Korea	China	Japan	USA
S. Korea	1	0.5	1	1	S. Korea	1	1	1	1
China	0.5	1	0.5	0.5	China	1	1	1	1
Japan	1	0.5	1	1	Japan	1	1	1	1
USA	1	0.5	1	1	USA	1	1	1	1

（续表）

C. Spearman's ρ

	S. Korea	China	Japan	USA
S. Korea	1	−1	1	1
China	−1	1	−1	−1
Japan	1	−1	1	1
USA	1	−1	1	1

D. Cosine Similarity

	S. Korea	China	Japan	USA
S. Korea	1	0.8	1	1
China	0.8	1	0.8	0.8
Japan	1	0.8	1	1
USA	1	0.8	1	1

E. Scalar Product

	S. Korea	China	Japan	USA
S. Korea	15181154	16138864	5228445	34730060
China	16138864	26126418	5558284	36921023
Japan	5228445	5558284	1800696	11961160
USA	34730060	36921023	11961160	79452265

F. Euclidean Distance

	S. Korea	China	Japan	USA
S. Korea		3005	2554	5017
China	3005		4100	5634
Japan	2554	4100		7572
USA	5017	5634	7572	

参 考 文 献

1. Borgatti, S.P., Everett, M.G., and Johnson, J.C. (2013) Analyzing Social Networks, London:SAGE.

2. Carley, K.M. (2002) Computational organizational science and organizational engineering,Simulation Practice and Theory, 10(5-7), 253-269.

3. Marsden, P.V. (1990) Network data and measurement, Annual Review of Sociology, 16,435-463.

4. Wasserman, S. and Faust, K. (1997) Social Network Analysis: Methods and Application,New York: Cambridge University Press.

5. https://apps.facebook.com/netvizz/ (You can use after the login to Facebook.)

6. Evans, J.R. and Minieka, E. (1992) Optimization Algorithms for Networks and Graphs,Marcel Dekker: New York.

7. Cox, T.F. and Cox, M.A.A. (2001), Multidimensional Scaling, NY: Chapman & Hall/CRC Press.

## 第 5 章

位置和结构

网络分析中最重要的任务之一就是识别出最重要的或最具统治地位的行为者。这种重要性与行为者在网络中的位置相关。一般而言，网络中最重要的或最具统治地位的行为者都处在一个战略性的节点。具备高度中心性的个体通常会被描述为具备特殊的社会经济学地位。如果一个群体整体表现为高度的中心性，该群体将会持久地保持住这种良好的状态。针对这种中心性分析，网络分析有着多种根据不同外界条件研究不同类型行为者的研究方法，如连接性、等级、亲密性及中心性等。也就是说，个体在群体中的每一种地位类型都能得到定量描述。结合行为者的不同编号指引，我们可以将定量描述的结果在以群体或整个网络为整体的基础上进行相加或横向比较。节点间关系的方向性不同，中心性分析的方向也会不同，分为输入与输出，且关系的赋值不同，分析的结果也会有所不同。

5.1　位置

在网络分析中，研究人员通常会着重关注网络中最重要的那个行为者，这种重要性与行为者所处的位置有关。通常网络中最重要的那个行为者往往处在最具战略意义的位置节点。研究对象即这些行为者之间关系的不同，如连接性、亲密性及中心性等，网络分析有着不同的分析方法。也就是说，网络分析会根据行为者在网络中所处位置的不同，以中心性程度定量表示出来[1]。最终将群体的定量分析结果进行汇总，从宏观层面进行横向比较。

根据节点间关系的方向性不同，中心性概念也有所不同，如果对节点间关系进行赋值，则赋值的结果不同也会形成不同结果的中心性。对一段方向性关系进行测量可以分为输入和输出。一个特定的行为者会拥有数段输入型关系，同时也会成为诸多其他行为者的信息输入者。中心性指数或声望度可以代指该行为者在网络中的重要程度或支配程度。然而，单就行为者在信息输入方面的声望度而言，需要我们同时考虑其他行为者主动分享信息的频率以及该行为者被选择的概率。因此，在中心性分析中，我们需要同时考虑方向性关系及非方向性关系。对于方向性关系来说，中心性分析还要包括输入和输出，而对于非方向性关系而言，这种信息的输入和输出结果没有差异，此时仅需考虑中心性指数。

然而，对每一行为个体而言，其分析结果可以从群体层面的合计数或整体网络层面的分析结果得出，这被称作中心化。中心化是指对整个网络的中心性研究，识别出行为者所处群体或网络的整体特性。研究人员可以从连接赋值的最大值中减去平均赋值，最终形成 0 到 1 范围的测量值（其中，越接近 1，说明群体中心性程度越高），以此来测量群体中个体的连接比例。

从表 5.1 可以看出，2013 年 1 月至 4 月期间，中国、美国、日本还有韩国之间的钢铁进出口贸易总量及贸易总额超过 100 亿美元，图中的每一个格子代表以百万美元为单位的进出口贸易值。图 5.1 以表 5.1 为基础，朝外箭头的线代表出口，线的粗细程度代表出口金额的大小。从图 5.1 可以看出，中国向美国出口的钢铁贸易值高达 372.96 亿美元，而仅从美国进口了 100 亿美元。

表 5.1　主要钢铁贸易国矩阵

内链接 (进口)→	外链接(出口)→								
	S. Korea	China	Japan	USA	Brazil	Canada	Mexico	Singapore	Thailand
S. Korea		14 831	22 823	28 725					
China	36 613		15 227	37 296				12 257	
Japan	63 107	28 114		27 989					19 641
USA						45 999	29 782		
Brazil				10 851					
Canada				30 789					
Mexico				18 369					
Singapore									
Thailand									

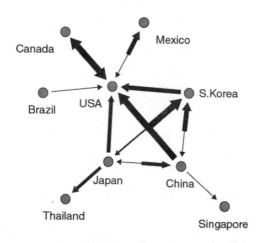

图 5.1　钢铁贸易的可视化呈现

5.1.1　中心性程度

如果对行为者之间的关系进行测量时并未考虑方向和关系赋值，如矩阵图是完全对角线对称的，此时，研究人员可以引入中心性程度概念，来有效识别最重要的行为者。中心性是指行为者之间亲密关系或中间性关系的最高程度。

一个对行为者中心性程度的简单描述就是观察网络中其他行为者与该行为者联系的最高次数[1a]。因此，次数最高的行为者可以被称为网络中的"第一节点"。一个高度活跃的行为者可以同时拥有较高的中心程度，考虑到行为者之间在不停地互动，最终可以使得所有的行为者都具有同样高的中心程度。中心性程度通常注重毗邻且直接的关系类型。

1.　非方向性关系

一个行为者与其他行为者连接次数的总数是非常重要的测量标准。因此，单一个体的中心性程度代表该节点的连接性——$d(n_i)$，中心性指数可以用该节点与其他节点连接的合计数代指。中心性指数的标准测量方法可以通过公式（5.1）得出，并且可以与其他不同规模的网络进行横向对比。公式（5.1）中的 $C_D(n_i)$ 是指节点 i 的中心性指数，其中，g 是指网络中的节点总数：

$$C_D(n_i)=d(n_i)/(g-1) \qquad (5.1)$$

对于个体行为者来说，中心性指数越高代表该行为者在网络中的活跃程度越高。中心性指数一般将网络中的活跃分子作为研究对象。当一个行为者与其他行为者的连接次数相当大时，该行为者可以称作该网络的中心，而其他行为者将不自然地期望该行为者利用其自身的地位优势传播信息。相反，处于网络边缘、中心性指数较低的行为者通常在网络中被认为是相对不太重要的、不太活跃的成员。极端情况下，某位行为者因其存在与否对网络分析没有任何影响而被完全排除。

如果将钢铁贸易矩阵图转变为不带任何方向和贸易金额的新矩阵图，即表 5.2 中，有贸易值则取值为 1，没有交易将为空。表 5.3 汇总了表 5.2 中每个节点的中心性指数，可以看出，美国的中心性指数居于榜首。这意味着美国在钢铁贸易方面与其他国家来往最为频繁（见图 5.2）。

表 5.2　无方向性贸易关系矩阵

	S. Korea	China	Japan	USA	Brazil	Canada	Mexico	Singapore	Thailand
S. Korea		1	1	1					
China	1		1	1				1	
Japan	1	1		1					1
USA	1	1	1		1	1	1		
Brazil				1					
Canada				1					
Mexico				1					
Singapore		1							
Thailand			1						

对于中心性指数，单个节点的自我密度也可以作为参考。非方向性关系中的节点自我密度可以从其在自我中心网络中与其他节点的连接数量除以网络中连接最高数量的比例得出。例如，假定钢铁贸易都是非方向性关系，韩国的自我密度将为 100%（6/6），美国将为 42.86%（9/21）。

表 5.3　无方向性关系网络的中心度分析

	中心度	自我循环网络规模	#of Links	#of possible links	自我循环网络密度
S. Korea	0.375	3	6	6	1
China	0.500	4	7	10	0.700
Japan	0.500	4	7	10	0.700
USA	0.750	6	9	21	0.429
Brazil	0.125	2	1	1	—
Canada	0.125	2	1	1	—
Mexico	0.125	2	1	1	—
Singapore	0.125	2	1	1	—
Thailand	0.125	2	1	1	—

（续表）

	中心度	自我循环 网络规模	#of Links	#of possible links	自我循环 网络密度
均值	0.306	节点数量	9	密度	0.306
标准差	0.221				
最小值	0.125				
最大值	0.750				
中心度	0.071				

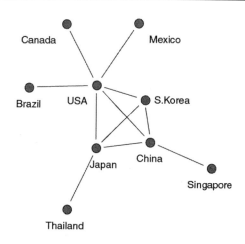

图 5.2　无方向性贸易关系的可视化呈现

一个网络的中心性趋势是指群体水平的中心性，这一指标代表行为者之间的连接如何更多地偏向某一特定的行为者，这一结果将由中心性赋值表现出来。中心化是对单个行为者中心性指数的变化数量和变化范围进行分析，是由行为者的连接数量合计而成的，正如公式（5.2）所示。C_D 代指中心化程度，$C_D(n^*)$ 是网络中的最大中心性指数。钢铁贸易的网络图中的中心化程度取值为 0.0714（$=\sum[(0.0750-0.375_{\text{S.Korea}})\cdots(0.750-0.125_{\text{Thailand}})]/[(9-1)(9-2)]$）：

$$\overline{C_D} = \frac{\sum_{i=1}^{g}\left[C_D(n_i) - C_D(n_i)\right]}{[(g-1)(g-2)]} \tag{5.2}$$

作为群体的关键性指数——群体密度，是群体内部个体密度的平均值，主要用作测量群体的凝聚力。如果群体内部各个体并无太大差异，群体密度会随着群体规模的增加而下降。如果中心化程度数值可以用于描述某一特定行为者的聚焦程度或检验网络的中心趋势，密度这一概念可以用来解释网络中行为者之间连接的紧密程度及行为者自身密度的平均数。因此，在公式（5.3）中，我们可以得出群体密度的计算过程为群体内部行为者密度相加，其合计数除以网络中的节点总数，即：

$$D_{non-direction} = \frac{\sum_{i=1}^{g} C_D(n_i)}{g} \tag{5.3}$$

2. 方向性关系

一段方向性关系中心度的计算或许相对简单，但是分开计算输入关系及输出关系将会变得复杂。就本质而言，方向性关系是以行为者的选择为基础的，与非方向性关系的中心度计算不太相同。当计算方向性关系的中心度时，输入型中心度以指向节点的连接为基础，如公式（5.4）所示；输出型中心度以从节点发出的连接为基础，如公式（5.5）所示：

$$C_{inD}(n_i) = \frac{ind(n_i)}{g-1} \tag{5.4}$$

$$C_{outD}(n_i) = \frac{outd(n_i)}{g-1} \tag{5.5}$$

尽管钢铁贸易具备方向性，但因没有赋值，有关其矩阵图中心度的分析可以先将表 5.2 转换为表 5.4 后再进行分析。

表 5.4　有方向性贸易矩阵

内链接 (进口) →	外链接 (出口) →								
	S. Korea	China	Japan	USA	Brazil	Canada	Mexico	Singapore	Thailand
S. Korea		1	1	1					
China	1		1	1				1	
Japan	1	1		1					1
USA						1	1		
Brazil				1					
Canada				1					
Mexico									
Singapore									
Thailand									

对于方向性矩阵的中心度分析，其可以根据方向的不同分为输出中心度和输入中心度，如表 5.5 所示。表 5.5 中的结果显示，之前在非方向性关系的中心度分析中得分最高的美国在这里的输入中心度高达 0.750，而输入中心度仅有 0.25。这也就意味着，美国较多地从网络中的其他国家，如中国、日本、加拿大、韩国、巴西及墨西哥进口钢铁产品，而仅向加拿大和墨西哥出口钢铁。需要注意的是，这些是对贸易额高于 10 亿美元的进出口关系进行的分析（见图 5.3）。

表 5.5 有方向性贸易矩阵

内链接（进口）→		外链接（出口）→							
		S.Korea	China	Japan	USA	Brazil	Canada	Mexico	Singapore	Thailand
	S.Korea		1	1	1					
	China	1		1	1				1	
	Japan	1	1		1					1
	USA						1	1		
	Brazil				1					
	Canada				1					
	Mexico				1					
	Singapore									
	Thailand									

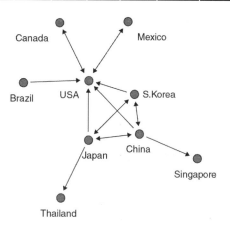

图 5.3 有方向性贸易关系的可视化呈现

在一段方向性关系中，个体中心网络的密度可以通过其输入和输出连接关系的总数与连接数的最大值的比计算得出。回归到钢铁贸易的例子中，可以看出韩国与美国的非关系性密度分别为 100% 及 42.86%，而考虑到关系的方向性时，韩国的关系密度降为 75%（9/12），美国降为 33%（14/42）。该例中钢铁产品的输入型关系的计算可以参考公式（5.6）；输出型关系的计算为公式（5.7）：

$$C_{inD} = \frac{\sum_{i=1}^{g} \left[C_{inD}(n^*) - C_{inD}(n_i) \right]}{\left[(g-1)(g-2) \right]} \qquad (5.6)$$

$$C_{outD} = \frac{\sum_{i=1}^{g} \left[C_{outD}(n^*) - C_{outD}(n_i) \right]}{\left[(g-1)(g-2) \right]} \qquad (5.7)$$

有方向性关系网络的中心度分析如表 5.6 所示。

表 5.6　有方向性关系网络的中心度分析

	中心度		自我循环网络规模	#of Links	#of possible links	自我循环网络密度
	In	Out				
S. Korea	0.250	0.375	3	9	12	0.750
China	0.250	0.500	4	10	20	0.500
Japan	0.250	0.500	4	10	20	0.500
USA	0.750	0.250	6	14	42	0.330
Brazil	0.000	0.125	2	1	2	0.500
Canada	0.125	0.125	2	2	2	1.000
Mexico	0.125	0.125	2	2	2	1.000
Singapore	0.125	0.000	2	1	2	0.500
Thailand	0.125	0.000	2	1	2	0.500
均值	0.222	0.222	#of nodes	9	密度	0.221
标准差	0.202	0.184				
最小值	0.000	0.000				
最大值	0.750	0.500				
中心度	0.084	0.045				

整个钢铁贸易网络的密度计算可以由公式（5.8）得出，将各节点的输入关系密度与输出关系密度相加取合计数再除以节点总数：

$$\overline{C_{in-outD}} = \frac{\sum_{i=1}^{g} C_{inD-outD}(n_i)}{g} \qquad (5.8)$$

5.1.2　亲密中心性

有关行为者中心性的第二个概念就是亲密中心性。亲密中心性是一种建立在行为者之间距离远近的基础上，用来描述行为者在网络中与其他行为者距离远近的指数。如果某行为者处在消息最灵通的位置[1]，我们可以说该行为者具备高度的亲密中心性。单就日常交流关系来说，中心性程度越高，意味着在信息获取方面，该行为者对外界环境的依赖程度越低。因此，具有高度亲密中心性的行为者在与他人交换信息时会处于一个比较有效的位置。不仅如此，当群体内部出现难题时，大家往往会推荐消息最灵通者去解决难题，一般情况下，消息最灵通者也即信息获取最快者能够提供比较有效的解决方法。这也是为什么亲密中心性问题最终都会归结到经济领域的话题。

在测量亲密中心性时，网络中与其他节点连接数量最少的节点会有较高的中心性，可以以最短距离赋值。如果网络中的某个节点与其他节点相距非常远，则它的亲密中心性会降低，这意味着它将需要借助更多的连接才能与外界取得联系。与之相对的是，如果某个节点与外界建立联系仅需最少数量的连接即可达成，则我们可以认为该节点可以迅速获取外界信息，对其他节点的依赖程度比较低，由此，其亲密中心性也就很高。

在测量某个行为者的中心性程度时，亲密中心性是指该行为者与网络中其他行为者在距离方面的远近。所有行为者的亲密度的合计数即为该网络的直径。当该直径增大时，行为者的中心性也会随之下降。节点"i"的亲密中心性即为该节点在整个网络中距其他节点距离之和的倒数。因此，测量亲密中心性对网络分析来说非常重要，并且整个网络的亲密中心性的最大值取决于网络中包含节点的数量。亲密中心性的最小值则为节点距自身的距离，也就是 0。如果将不同规模大小的网络的亲密中心性进行横向比较，因为取值口径不一，直接比较起来无法得出有效结论。因此，我们需要预先进行标准化转化。标准化下的亲密中心性取值范围为 0 到 1，以节点 i 为例，可以看成节点 i 与其他节点平均距离的倒数。这种方式定义下的中心性不仅考虑了直接连接关系，同时还考虑到了非直接连接关系，其结果可以通过公式（5.9）获得。在公式（5.9）中，$C_C(n_i)$ 代指节点 i 的亲密中心度，$d(n_i,n_j)$ 是指节点 i 与节点 j 的距离：

$$C_C(n_i) = \frac{g-1}{\sum_{j=1}^{g} d(n_i,n_j)} \tag{5.9}$$

亲密中心性是一种在识别整个网络时，通过采用亲密中心性数值衡量中心程度的指数。然而，当假设所有行为者之间的距离为 1 时，计算出的中心性数值的最大值为 $[(g-2)(g-1)]/(2g-3)$。在这个算式中，当某个行为者选中另一行为者时，该距离的最大值为 $(g-1)$，如果被选中的行为者挑选到下一位行为者，则该距离的最大值为 $(g-2)$。C_C 代表整个网络的中心性，$C_C(n^*)$ 是指亲密中心性的最大值，$C_C(n_i)$ 表示节点 i 的亲密中心性的值：

$$C_C = \frac{\sum_{j=1}^{g} C_C(n^*) - C_C(n_i)}{[(g-2)(g-1)]/(2g-3)} \tag{5.10}$$

在钢铁贸易这个例子中，对其没有方向、没有赋值的贸易关系矩阵图进行亲密中心性分析时可以看出，美国的中心性最高，与其他国家相距都最近，也就是说，在亲密中心性方面，美国这个节点位于贸易关系网的中心，巴西、加拿大及墨西哥次之。尽管钢铁贸易是在全球范围内进行的，并没有局限于特定某个国家，但网络图分析结果却给人一种错觉——贸易关系并不是均匀分布的，甚至集中到某个特定的国家。因此，作为贸易网络中与其他国家距离最短的一员，美国影响其他国家的时间也是最短的。

上文介绍的这种通过测量两个节点之间的距离来定义某节点的亲密中心性同样适用于方向性关系。在方向性关系中，有一点需要注意，行为者 n_i 与 n_j 之间的距离与 n_j 到 n_i 的距离并不相同。换句话说，因为 $d(n_i,n_j)$ 并不等于 $d(n_j,n_i)$，则节点 n_i 的亲密中心性必须要考虑到该节点自身的内距离及 J_i 的外距离，如公式（5.11）所示。在信息易获得性方面，内在的亲密中心性越高意味着获取信息的容易程度也越高，无论信息从网络中的哪个角落发出。外部的亲密中心性越高意味着信息的传输能力越强。在钢铁进出口贸易中，高内在亲密中心性意味着进口贸易关系的高扩展性；高外在亲密中心性意味着出口贸易关系的高扩展性，如表 5.7 所示。

$$C_C(n_i) = \frac{J_j(g-1)}{\left[\sum_{j=1}^{g} d(n_i, n_j)/J_i\right]} \qquad (5.11)$$

表 5.7　基于已有方向的亲密中心性分析结果

	亲密中心性			距　离		
	无方向性	方向性		无方向性	方向性	
		In	Out		In	Out
S. Korea	0.615	0.143	0.400	13	56	20
China	0.667	0.143	0.421	12	56	19
Japan	0.667	0.143	0.421	12	56	19
USA	0.800	0.333	0.143	10	24	56
Brazil	0.471	0.111	0.160	17	72	50
Canada	0.471	0.276	0.140	17	29	57
Mexico	0.471	0.276	0.140	17	29	57
Singapore	0.421	0.160	0.111	19	50	72
Thailand	0.421	0.160	0.111	19	50	72
均值	0.556	0.194	0.228			
标准差	0.127	0.079	0.141			
最小值	0.421	0.111	0.111			
最大值	0.800	0.333	0.421			
中心性	0.588	0.336	0.466			

5.1.3　中介中心性

中介中心性的定义建立在网络中不同行为者位置的基础之上[1,2]。两个不相邻的行为者可以通过其中间的行为者作为桥梁建立联系。事实上，处于中间位置充当沟通桥梁的这位行为者不仅作为其他行为者的沟通渠道，并且还能任意控制沟通的内容和方式。如果网络中存在某一行为者，其与其他行为者相距都处于最短的位置，则可以认为该行为者具有高度的中介中心性。这位高中介中心性的行为者能够控制其他行为者之间的联系及信息如何流动，同时，在网络内容的沟通交流方面也具备很强的控制能力。这类行为者在网络中能够决定信息是否传向其他行为者。因此，如果将某一个高中介中心性的行为者移出该网络，则网络中本来正常的联系及沟通将被打乱。

网络中不同行为者之间的短线联系可以有很多种。这里假设权重彼此并无差异，则节点 n_j 和 n_k 之间的连接会通过短线距离呈现出来。g_{jk} 代表节点 n_j 和 n_k 之间短线连接的数量。如果两个节点间的短线距离数目相同，则二者选择同一条路径的概率相同，同时，处于中间的节点 n_i 出现在 n_j 和 n_k 之间的概率为 $1/g_{jk} \times 100\%$。如果节点 n_i 出现在 n_j 和 n_k 之间的路径方式有很多种，则连接路径通过节点 n_i 的概率就会大大增加。因此，我们将节点 n_i 出发的与其他节点之间的短线距离的数量定义为 $g_{jk}(n_i)$，则节点 n_i 的中介中心性定义为 $C_B(n_i)$，则 $C_B(n_i) = g_{jk}(n_i)/g_{jk}$。$n_i$ 的最小值为 0，因为节点 i 或许并不出现在最短路径中，最大值可以为并不包括 n_i 在内的任意两个节点，也即 $(g-1)(g-2)/2$。因此，如果将之前提及的中介中心性取最大值，其标准化数值可以根据公式（5.12）得出，如下所示：

$$C_B(n_i) = \frac{\sum_j^g \sum_k^g \dfrac{g_{jk}(n_i)}{g_{jk}}}{(g-1)(g-2)/2} \tag{5.12}$$

中介中心性通过比较网络中每一个节点 $C_B(n^*)$ 的最大值并进行标准化取值，最终形成下方的公式（5.13）：

$$C_B = \frac{2\sum_{i=1}^g \left[C_B(n^*) - C_B(n_i) \right]}{(g-1)^2(g-2)} \tag{5.13}$$

如果对本文的钢铁贸易例子进行中介中心性分析，美国的中介中心性取值最高，为 0.179，如表 5.8 所示。中国和日本相比其他国家也具有较高的中介中心性。因此，如果将美国从贸易网络图中去除，众多国家之间的贸易连接将被打乱；如果还想正常进行钢铁贸易，其他国家将需要增加相当多的努力才能达成交易。也就是说，如果作为网络中心的美国退出该钢铁贸易网络图，加拿大、墨西哥及巴西保持现有贸易水平的难度将会大大增加。尤其是大幅依赖外界的加拿大会为此中断其钢铁贸易。依赖性用来测量在传输信息或商品贸易时，对某一特定节点的依赖程度。在钢铁贸易中，一旦中国和日本退出，新加坡和泰国将无法达成钢铁贸易。这种关系可以转换为钢铁贸易成员国间的连接图。图 5.4 就展示了具有高中介中心性节点的连接视图。

表 5.8 中介中心性的分析结果

	中介中心性	依赖性
S. Korea	0.000	0
China	0.036	0
Japan	0.036	0
USA	0.179	0
Brazil	0.000	0
Canada	0.000	5
Mexico	0.000	5
Singapore	0.000	2
Thailand	0.000	2
均值	0.028	0.194
标准差	0.055	0.876
最小值	0	0
最大值	0.179	5
中介中心性	0.170	

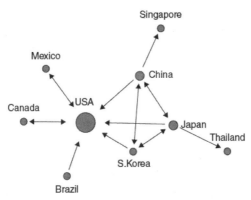

图 5.4 中介中心性的可视化结果

5.1.4　声望中心性

声望中心性的概念建立在特定节点之外的其他节点的重要性的赋值上，更具体地说，声望中心性是指仅与影响性较大的行为者建立一段联系就能在提升自身影响力方面比影响较弱的行为者之间的建立数段联系产生的效果要大[3]。如果将所有行为者都视为无差别行为者，某一节点的声望中心性即为对其毗邻节点中心性的赋值。

节点 n_i 的声望中心性会随着其与高声望中心性节点的互动的增加而增加。这种增加的程度可以通过节点 n_i 与高影响力节点之间连接的数量进行量化定义。因此，声望中心性的概念不仅包括了行为者对其他行为者的影响力，还考虑了其他行为者对特定行为者的影响，如公式（5.14）所示：

$$C_P(n_i)(\alpha,\beta) = \sum_i^g (\alpha + \beta P_j) Z_{ji} \tag{5.14}$$

在计算声望中心性 C_p 的公式中，Z_{ji} 代表 $g \times g$ 矩阵中的直接关系，a 与 b 为研究人员预先随机设定的数值，a 用来将中心度指数标准化，b 用来代指互动的程度。如果其他行为者对特定行为者的影响是正面积极的，则作为互补的 b 取正数；如果其他行为者的影响是负面的，则 b 取负数。理论上来讲，在正常环境下，a 应该为 0，而 b 应该为 1。特殊情境下，如在计算节点 n_i 和 n_j 关系的声望中心性时，n_i 的中心度并不仅仅依赖 n_j 的取值，但 n_j 仍然对 n_i 产生一定的影响。因此，如果 n_j 先向 n_i 发送一个中心性，接下来 n_i 会收到来自 n_j 的部分中心性。这种收到的部分中心性就会作为 n_i 的中心度数值，而且这个值仅与来自 n_j 的中心性影响有关，被叫作派生中心性。因此，这种派生中心性可以看作节点 n_i 和 n_j 之间的互动程度。

在钢铁贸易的例子中，声望中心性的分析结果显示，与美国相比，韩国的邻近节点相对较少，但美国的邻近节点中，包括加拿大、墨西哥还有巴西在内的国家并不像韩国这样，邻近的节点还有其他邻近节点。并且，考虑到这些非直接连接，后续会因为这种较大规模的连锁反应而产生最高程度的声望中心性，如表 5.9 所示。

表 5.9 声望中心性结果

	特征向量中心性	反射部分	衍生部分	恒定部分
S. Korea	0.515	0.094	0.252	0.170
China	0.433	0.047	0.216	0.170
Japan	0.503	0.083	0.249	0.170
USA	0.484	0.055	0.259	0.170
Brazil	0.044	−0.004	−0.122	0.170
Canada	0.187	0.007	0.009	0.170
Mexico	0.121	−0.003	−0.046	0.170
Singapore	0.044	−0.004	−0.122	0.170
Thailand	0.083	−0.005	−0.083	0.170
均值	0.268			
标准差	0.198			
最小值	0.044			
最大值	0.515			

接下来，我们将介绍一些测量声望中心性的方法。首先是网页排序法[4]，网页排序在搜索引擎 Google 中经常用到，它将网页按照一定顺序排列下来。这种网页排序的方法是基于这样一种事实，重要的站点会经常收到其他重要站点的连接，某个站点的重要程度取决于该站点从其他重要站点那里获取到的连接数量。

能力[5]是指当 b 为负数时，也即当邻近行为者向特定行为者给予一个负面的影响时，该行为者的能力将会下降。如果邻近节点的声望较低，则该节点相对其他节点的影响能力就较强。

Katz 实施的中心性分析实验中考虑到了关系的强度及非直接关系的连锁反应。Katz 不仅注意到邻近节点的直接反应，同时还观察到邻近节点与其毗邻节点的后续反应。也就是说，除了这种简单直接的邻近关系外，二层邻近的非直接关系同样需要在中心性测量中考虑。

IBM 开发的智能搜索引擎——HITS[7]包含了 Web 网页中的超链接结构，用来识别命令的关键字眼。这种方法是假定集线器会向发令器发送链接，并且这个高级别的发令器的确是从集线器接收链接的。因此，每一个节点的集线器数量与该节点所有的外部权威分值成比例分布，同时，每一个节点的权威分值也会与其全部内部集线器数量成比例分布。

回到钢铁贸易例子中，其贸易矩阵图显示美国在页面排序方面得分最高，不仅如此，在能力、Katz 中心性分析及 HITS 的权威得分中都名列前茅。日本在能力及 Katz 中心性方面得分较高。这种结果意味着，美国的进口关系的连锁反应比较强烈，但是日本在出口关系方面影响较大，详情可见表 5.10。

表 5.10　页面排序、能力、Kaze 中心性和 HITS 的分析结果

	网页排名中心性	能力中心性		Katz 中心性		HITS	
		进	出	进	出	权威	中心
S. Korea	0.030	1.487	0.982	0.658	1.234	0.357	0.474
China	0.032	0.640	1.500	0.310	1.591	0.335	0.540
Japan	0.032	0.567	2.054	0.294	2.161	0.335	0.540
USA	0.293	2.296	1.121	1.085	0.782	0.764	0.000
Brazil	0.017	0.000	0.161	0.000	0.147	0.000	0.253
Canada	0.141	0.686	0.456	0.487	0.418	0.000	0.253
Mexico	0.141	0.444	0.272	0.315	0.250	0.000	0.253
Singapore	0.023	0.183	0.000	0.082	0.000	0.179	0.000
Thailand	0.023	0.293	0.000	0.129	0.000	0.179	0.000
均值	0.082	0.733	0.727	0.373	0.732	0.239	0.257
标准差	0.088	0.680	0.686	0.316	0.729	0.233	0.212
最小值	0.017	0.000	0.000	0.000	0.000	0.000	0.000
最大值	0.293	2.296	2.054	1.085	2.161	0.764	0.540

5.1.5　中间人

在网络分析中有中间人这么一个角色，它允许不同的行为者之间通过多种社交方式建立联系[8]。为验证中间人起到的作用，需要我们对网络中的子群体进行分类。根据行为者在子群体中不同的位置，中间人可以分为五种类型，如图 5.5 所示。总体来看，中间人在群体内部或不同群体间占据着重要地位，它作为特殊的行为者，具备较高的中心度。

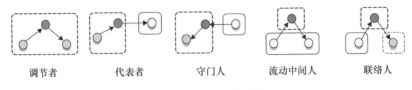

图 5.5　中间人的种类

调节者作为群体内部行使调停作用的行为者，用来从一个节点接收连接，然后传向另一个节点，它同时拥有较高的入度和出度中心度。代表者是指代表整个群体的某个节点，它将接收来自群体内部节点的连接，然后将其传送到其他群体内部。守门人接收来自其他群体的连接，将其传送到自己群体内部。这种流动的中间人角色处在群体内部的各个角落，使整个群体保持连接，经常被称作顾问。这种连接可以使不同群体的行为者相互建立联系，在群体间传输信息。

对中间人的分析需要先识别每一个行为者在网络中的位置及发挥的作用，但它仅考虑直接关系。该方法并不是必需的测量方法。

在钢铁贸易关系图中，国家可以按地区进行子群体分类，以此进行中间人分析。这样就变成中国和日本成为中间人，美国成为代表者、守门人、中间人及联络者。特别是守门人这个角色，美国从其他国家（另一个子群体）进口大量钢铁，然后将其出口到与自己同处一个子群体的一个国家。中间人分析结果如表 5.11 所示。

表 5.11 中间人分析结果

	分割值	协调者	代表者	守门人	流动人	联络人	总共
S. Korea	亚洲	0	0	0	0	0	0
China	亚洲	2	0	0	0	0	2
Japan	亚洲	2	0	0	0	0	2
USA	北美	0	1	5	1	3	10
Brazil	南美	0	0	0	0	0	0
Canada	北美	0	0	0	0	0	0
Mexico	南美	0	0	0	0	0	0
Singapore	亚洲	0	0	0	0	0	0
Thailand	亚洲	0	0	0	0	0	0
均值		0.444	0.111	0.556	0.111	0.333	1.556
标准差		0.831	0.314	1.571	0.314	0.943	3.095
最小值		0	0	0	0	0	0
最大值		2	1	5	1	3	10

5.2 凝聚子群体

凝聚子群体分析是指对网络中关系较为亲密的行为者们进行分类，形成子群体的一种方法[9]。通过将一个大网络分割成数个子群体，群体结构也将变得相对简单，不仅网络特性可以比较清晰地展现出来，子群体中行为者间的关系及子群体间的关系也变得更加清晰明朗。

凝聚子群体分析的主要程序就是先识别出网络中关系较为亲密的行为者，以形成子群体，然后通过增加每一个子群体内部的连接进行子群体识别。通过这种分析程序，网络中的凝聚子群体分析可以被轻松解读。

5.2.1 组成部分

组成部分是指由一群持续性连接的诸多节点构成的一个连接系统的子群体。组成部分分析通过节点之间可能的连接来识别凝聚性群体[10]。例如，两个直接或间接连接的节点即构成一个独立的组成部分。组成部分分析是在凝聚性子群体分析中识别各群体最广泛使用的方法，并且用于分析的最初部分。只有与外界连接的节点才能构成组成部分，因为组成部分之间是相互独立的，因此识别连接程度及短线路径的分析并不会影响到分析指数。

一个强有力的组成部分必须拥有这么一个路径，它必须至少连接两个节点，并且还需考虑到连接的方向是从 A 到 B 还是 B 到 A。强度较弱的组成部分可能并不包含带方向的路径，仅仅是 A 与 B 之间无方向的连接。组成部分分析仅仅考虑了节点间连接的可能性，而连接的赋值没有实际意义。双组成部分是指包括一个与外界相连的节点，但连接路径超过两条。成分如图 5.6 所示。

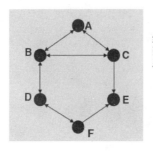

组成部分 = {A, B, C, D, E, F}
强成分 = {A, B, C, D, F}
弱成分 = {A, B, C, D, E, F}

图 5.6 （强 vs 弱）成分

当阐述组成部分分析的分析结果时，我们需要特别注意到组成部分的数量和规模。如果整个网络仅有一个组成部分，则该网络可以被认为是高度结构化的，这就意味着信息可以随意传输。另一方面，如果网络中包括两个同等规模的组成部分，则该网络由两个独立的子群体构成，信息流也会在子群体间传输时中断。并且，如果一个网络是由一个特别大，其他都很小的组成部分构成的，如图 5.7 所示，则信息也无法在群体间有效传输。

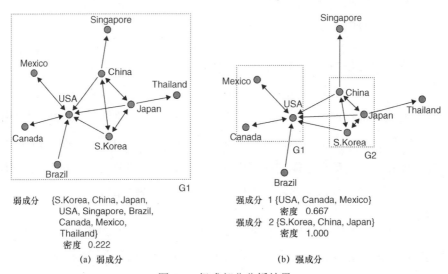

弱成分 {S.Korea, China, Japan,
USA, Singapore, Brazil,
Canada, Mexico,
Thailand}
密度 0.222

(a) 弱成分

强成分 1 {USA, Canada, Mexico}
密度 0.667
强成分 2 {S.Korea, China, Japan}
密度 1.000

(b) 强成分

图 5.7 组成部分分析结果

钢铁贸易这个例子中的网络可以分为两种模式。其一由九个较弱的无连接方向的组成部分构成，分别为九个国家，如中国、美国、日本等。其二则由以美国为代表的组成部分一和以中国为代表的组成部分二这两个强组成部分构成。

5.2.2　社区

社区分析是设定一个群体内部连接的数值，这个值要比群体间连接的数目要多，以此来识别凝聚性子群体的一种方法。这种方法认为在整个网络中，高中介中心性的连接在群体间存在的数量要比群体内部多。

因此，在社区分析中，连接根据中介中心性先进行整齐排序，连接两端赋值最低的节点进入子群体，进而识别凝聚性子群体。在实际操作中，每一个连接都会计算其中介中心性，且数值最大的连接会被移除群体，反复执行该步骤，直至所有连接都被处理。在分析之前，我们还需要对网络进行调整，以使其对称化和系统化。

凝聚性子群体的数量可以由模块化进行确定，模块化可以用来展示凝聚性子群体的信息能力。不仅如此，凝聚性子群体的数量还可以通过模块由增加突然到减少这种突然的变动来决定。在一个随机的网络中，模块化可以由社区结构之间明显的差异来定义。也就是说，模块化是一种指数，用来描述有多少连接存在，节点如何构成一个独特的社区。NetMiner 中的社区分析的结果是一个系统树图，清晰地展示出群体内部的等级。根据研究人员的不同倾向，还能相应识别出不同的凝聚性子群体，如图 5.8 所示。

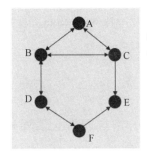

社区= {A,B,C} ,{D,E,F}
模块性=2.83

图 5.8　社区

将社区分析用在钢铁贸易关系矩阵图中，可以看出有五个不同的社区：中国、日本及韩国在社区 1，美国、加拿大及墨西哥在社区 2，巴西、新加坡还有泰国分别在社区 3、4、5。

5.2.3 派系

派系分析基于节点的凝聚性，若群体中的所有节点均相互直接连接，我们可以将其密度取值为 1[12]。因为派系分析要求所有节点都直接相连，这种严格的定义导致在网络中发现一个派系非常困难，即使找到了数个派系，它们相互之间也一定有许多节点重复。例如，一个包含 5 个节点的派系可以衍生出一个由 3 个节点组成的派系和一个由 4 个节点组成的派系。为此，当进行派系分析时，研究人员通常会采用节点数目最多的派系，实验分析也允许这种节点重复的情景存在。与双模式网络分析类似，在特定派系中识别出相关节点可以通过附加的实验程序完成。

为拓宽派系定义的外延，我们又新增了派系 n、社团 n 及丛 k 这三个定义。

1. 派系 n[1b, 12]

派系 1 是指各自相距均为 1 的直接相连的一串节点，而派系 n 则由相距大于或等于 2 的一串直接相连或间接相连的节点构成。这里的 n 代表节点间的距离，派系 n 则代表距离为 n 时节点间连接的全貌。因此，如果距离取值为 1，则派系 1 为初始派系，若取值为 3，则派系 3 是一个凝聚性更强的群体，所有的节点都经过 3 步紧密相连。

2. 社团 n[13]

社团 n 是指派系 n 中存在的与其他节点不相连的一串节点。因此，社团 n 肯定有一个最大值路径，且这个最大值路径要小于或等于 n。不仅如此，社团分析仅适用于没有方向且没有赋值的网络，因此在进行此类分析之前，还需要先对网络进行对称化和标准化。

3．丛 k [14]

丛 k 这个概念适用于所有节点之间的连接程度相等或均大于 k。因此，一个包含 6 个节点和 2 个丛的网络，其连接程度大于或等于 4（=6−2）。丛 1 是指节点的连接程度为 5（=6−1）。丛 k 经常以较宽限的条件来识别凝聚性子群体。图 5.10 展示了派系、派系 n、社团 n 及丛 k 的概念。在这个包括 6 个节点的网络中，n 和 k 分别赋值为 2，特定子群体中的节点数目为 3。

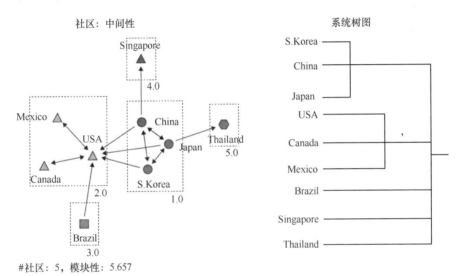

图 5.9 社区分析结果

5.2.4 中心 k

一个网络会包含各种类型的节点，每一个节点都有可能与外界建立一段联系或数段联系。当识别组成部分的凝聚性时，这种对节点间关系的识别非常有用。中心 k 用来定义连接数目大于或等于 k 的节点[15]。因此，k 的值越大，子群体中节点的联系强度更高。例如，在图 5.10 中，节点 A、D、E、F 均只有 2 个连接，而节点 B 和 C 有 3 个连接。

图 5.11 展示出了本书中钢铁贸易关系矩阵图的派系、派系 n、社团 n、丛 k 及中心 k 这几个概念的实例分析。

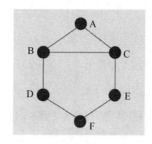

派系= {A,B,C}
2-派= {A,B,C,D,E}，{B,C,D,E,F}
2-团= {B,C,D,E,F}
2-丛= {A,B,C}，{A,B,D}，{A,C,E}，{B,C,D}
   {B,C,E}，{B,D,F}，{C,E,F}，{D,E,F}
3-核= {B,C}

图 5.10　派系、派系 n、社团 n、丛 k 及中心 k

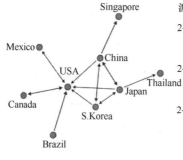

派系= {S.Korea,China,Japan,USA}

2-派= {S.Korea,China,Japan,USA,Canada,Mexico,
   Brazil}，{S.Korea,China,Japan,USA,Singapore}，
   {S.Korea,China,Japan,USA,Thailand}

2-团= {S.Korea,China,Japan,USA,Canada,Mexico,
   Brazil}，{S.Korea,China,Japan,USA,Singapore}，
   {S.Korea,China,Japan,USA,Thailand}

2-丛= {S.Korea,China,Japan,USA}，{S.Korea,Japan,
   Thailand}，{Japan,USA,Brazil}，{Japan,USA,
   Canada}，{Japan,USA,Mexico}，{Japan,USA,
   Thailand}，{China,Japan,Thailand}，{S.Korea,
   USA,Brazil}，{S.Korea,USA,Canada}，{S.Korea,
   USA,Mexico}，{S.Korea,China,Singapore}，
   {China,USA,Brazil}，{China,USA,Canada}，
   {China,USA,Mexico}，{China,USA,Singapore}，
   {USA,Brazil,Canada}，{USA,Brazil,Mexico}，
   {USA,Canada,Mexico}

3-核= {S.Korea,China,Japan,USA}

图 5.11　派系、派系 n、社团 n、丛 k 及中心 k 的实例分析

参 考 文 献

1. (a) Freeman, LC. (1979) Centrality in social networks: I. Conceptual clarification, Social Networks, 1, 215-239; (b) Wasserman, S. and Faust, K. (1997), Social Network Analysis: Methods and Application, New York: Cambridge University Press.

2. Brandes, U. (2001) A faster algorithm for betweenness centrality, Journal of Mathematical Sociology, 25(2), 163-177.

3. Bonacich, P. (1972) Factoring and weighting approaches to status scores and clique identification, Journal of Mathematical Sociology, 2. 113-120.

4. Brin, S. and Page, L. (1998) The anatomy of a large-scale hypertextual Web search engine,Computer Networks and ISDN Systems, 30, 107-117.

5. Bonacich, P. (1987) Power and centrality: a family of measures, American Journal of Sociology, 92(5), 1170-1182.

6. Katz, L. (1953) A new status index derived from sociometric analysis, Psychometrika, 18(1), 39-43.

7. Kleinberg, J.M. (1998) Authoritative sources in a hyperlinked environment. Proceeding of the ACM-SIAM Symposium on Discrete Algorithms.

8. Gould, J. and Fernandez, J. (1989) Structures of mediation: a formal approach to brokerage in transaction networks, Sociological Methodology, 19, 89-126.

9. (a) Burt, R.S. (1984) Network items and the general social survey, Social Networks, 6, 293–340; (b) Collins, R. (1988), Theoretical Sociology, New York: Harcourt Brace Jovanovich;(c) Erickson, B. (1978) Some problems of inference from chain data, In Schuessler, K.F. (ed.),Sociological Methodology, 1979, 276-302, San Francisco, CA: Jossey-Bass.

10. Scott, J. (2000) Social Network Analysis, London: SAGE.

11. Wakita, K. and Tsurumi, T. (2007) Finding Community Structure in Mega‐scale Social Networks, cs.CY/0702048, http://arxiv.org/abs/cs.CY/0702048v1 (accessed 22 May 2015).

12. Bock, R.D., and Husain, S.Z. (1950) An adaptation of Holzinger's B-coefficients for the

analysis of sociometric data, Sociometry, 13, 146-153.

13. Mokken, R.J. (1979) Cliques, clubs and clans, Quality and Quantity, 13, 161-173.

14. Seidman, S. and Foster, B. (1978) A note on the potential for genuine cross-fertilization between anthropology and mathematics, Social Networks, 1, 65-72.

15. Seidman, S. (1983) Network structure and minimum degree, Social Networks, 5, 269-287.

第 6 章

连通性和角色

在网络分析中，重要的是找出如何分组和互连的结构特征。有一些功能显示网络的结构特征。这决定是否将整个系统分成许多组或在现有的组之间进行重叠，或者组的大小如何分布。例如，如果没有重叠并且存在由完全分离的组组成的系统，冲突和对抗将比较严重，新的创新将很难被所有成员接受。同组中的成员具有共同思想，行为类似，并拥有与群体一致的身份属性。一些用来分解组内成员的网络分析方法取决于成员间存在的关系。划分子组的方法取决于如何定义子组。例如，子群是否应该具有相互可达的通道，或者子群只具有单方面可达通道，或者我们应该将间接关系联系的组当成一个独立的子组，子组可以按照这些标准进行划分。

6.1 连接分析

6.1.1 连通性

连通性[1]分析用于识别网络连接的脆弱性，并且因为分析通过节点之间的连接发生，所以连接分析可以在节点的基础上进行，即节点连接性；或基于链路，即链路连接性。如果两个节点中的一个节点或链路被去除并且连接路径被切断，则这两个节点之间的连接不是强的连接。因此，两个节点间的连接是断开的；连接的值越大表示连接越强。如果组件数量随着节点的移除而增加，删除的节点将被称为切割点或切割节点，以及如果组件数字随着链路的移除而增加，链路将被称为桥。因为节点连接与链路的方向无关，所以网络应在预处理期间对称。因为链路连接与权重无关且单个链路被认为是单步，所以网络应在预处理期间进行二分法。

这里的路由是节点和连接的外延，是表示节点—链路—节点—链路的序列的图形。步径、轨迹、路径的路由是相互区分的，其中步径是具有节点和连接的重复传递的路由。在步径中，闭合步径的开始和结束节点是相同的；周期步径中，节点和链路仅出现一次，并且开始和结束节点是相同的。

轨迹表示同一节点可以在相同的路由里传递多次，但不能多次传递连接。路径是节点和连接都不能多次传递，而距离是路径中的连接数。最短路径是链路数较少的路径。因此，最短路径是随机节点之间的最快路径。在某些情况下，连接权重可被认为是关系的强度，更高权重的连接可以假定为有两个节点，其更接近，导致最短路径（见图 6.1）。

表 6.1 和图 6.2 显示了钢铁产品贸易关系矩阵的节点和链路连接分析的结果。节点连接分析[2]网络中的节点连接性弱点。节点连接性是两个节点断开时需要删除的节点的最少数量。表 6.1 显示，断开韩国和中国之间的连接需要拆除三个节点，但对于韩国和巴西，只需要拆除一个节点就可以断开连接。 链路连接性[1]是断开两个节点时需要删除的最少链路数。删除两个节点间的链路消除了一个节点对（桥），增加了节点组件的数量，如图 6.2 所示，带有节点（切点）的部件被移除。

表 6.1　节点连接的结果

	S. Korea	China	Japan	USA	Brazil	Camada	Mexico	Singapore	Thailand
S. Korea	0								
China	3	0							
Japan	3	3	0						
USA	3	3	3	0					
Brazil	1	1	1	1	0				
Canada	1	1	1	1	1	0			
Mexico	1	1	1	1	1	1	0		
Singapore	1	1	1	1	1	1	1	0	
Thailand	1	1	1	1	1	1	1	1	0
均值	1.333				最小值	1			
标准差	0.745				最大值	3			

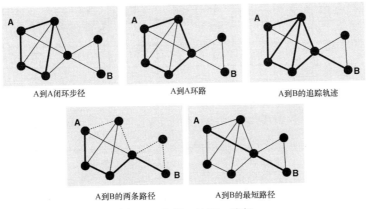

A到A闭环步径　　　A到A环路　　　A到B的追踪轨迹

A到B的两条路径　　　A到B的最短路径

图 6.1　步径、轨迹、路径

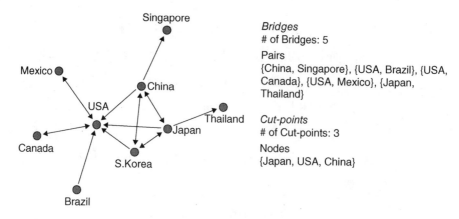

图 6.2　链路连接的结果

　　两个节点连接之间的最短路径[3]的分析结果没有考虑方向，它显示了韩国和美国之间的最短路径为 1，新加坡和巴西之间为 3。在构成整个节点集合的九个节点中，平均测地距离为 1.889，并且因为所有节点都是可到达的，所以可达节点的数量是所有的节点数减去自身节点，共八个节点（见表 6.2）。

表 6.2　最短路径结果

	S. Korea	China	Japan	USA	Brazil	Camada	Mexico	Singapore	Thailand
S. Korea	0								
China	1	0							
Japan	1	1	0						
USA	1	1	1	0					
Brazil	2	2	2	1	0				
Canada	2	2	2	1	2	0			
Mexico	2	2	2	1	2	2	0		
Singapore	2	1	2	2	3	3	3	0	
Thailand	2	2	1	2	3	3	3	3	0
	测地距离				可到达节点数				
均值	1.889				8				
标准差	0.689				0				
最小值	1				8				
最大值	3				8				

6.1.2　互惠

互惠性是识别网络结构的一种方法，通过分析连接点间潜在连接的二元关系来识别网络结构。二元[4]关系可以分为相互关系的二元，如果建立的是单边关系则称为非对称二元组；或空二元，即没有相互关系（见图6.3）。

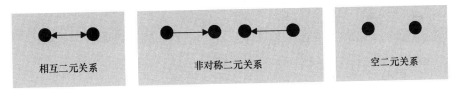

图6.3　二元关系的类型

整个网络的节点之间的二元关系分析，识别成对节点之间的相互、非对称和空二元关系，形成的组织表称为二元组表。通过二元组表，可以识别每个节点之间的相互关系的程度，即如果在网络内存在许多相互二元关系，则相互关系是主导的；如果有许多非对称二元关系，则该关系可以被认为是片面的；如果有多个空二元关系，则这些关系可以认为有许多是断开的关系。

排除相互不关联的二元关系的情况，互惠通过识别二元组内存在的相互关系的比率来测量关系。因此，整个网络将获得一个单一值，有了这个值，可以确定网络特性为强单边或双边关系。

通过实现钢铁产品贸易关系节点对中的互惠性关系类型（见图6.2），相互二元关系为5（韩国—日本，韩国—中国，中国—日本，美国—加拿大，美国—墨西哥），非对称二元关系为6（韩国—美国，日本—美国，日本—泰国，新加坡，中国—美国，美国—巴西），空二元关系为25。

6.1.3　传递性

传递性[5]用于标识三元组关系的形式。如果在节点 i 和 j 之间及节点 j 和 k 之间存在链路，则 i 到 k 之间的链路的比率也将被决定。一般在三元组关系中，根据连接的类型，有 16 种不同类型，并且对于每种形式，存在一个名称，该名称含有三个数字和一个字母。三个数字代表相互二元关系、非对称二元关系和空二元关系，字母描述在三元组链路模式的上、下、周期和传递[6]（见图 6.4）。

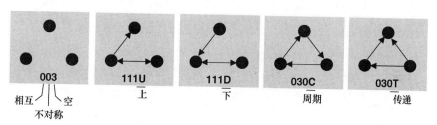

图 6.4　三元组关系的类型

与二元组表一样，整个网络中的所有三元关系都在 16 种类型中，可以组织成一个三元组表（见图 6.5）。16 个三元组关系可以分为传递性、不可逆性和混合关系[7]。

钢铁产品贸易关系节点的三元组的传递性分析（见图 6.2）见表 6.3。换句话说，类似于二元关系，具有相互关系（300 型）的 3 个节点代表 1（韩国—中国—日本），1 是 120 类型的三元组关系，它的 3 个节点中只有 2 个节点具有相互关系（墨西哥—美国—加拿大）。

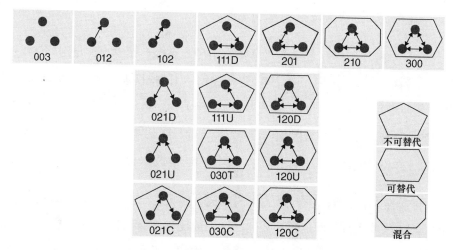

图 6.5　三元同构类

表 6.3 三元组关系的结果

三元组类型关系	被观察关系数	三元组类型	被观察关系的数量
003	33	030T	0
012	14	030C	0
102	15	201	1
021D	2	120D	0
021U	3	120U	3
021C	0	120C	0
111D	8	210	0
111U	4	300	1

6.1.4 分类

分类[8]是描述节点 i 和节点 j 相互关系程度的指数。如果社会科学中的相关分析描述了变量之间的关系,那么社会网络分析中的相关性就是节点之间的关系。换句话说,决定一个拥有较高度的节点是否与比它具有更高或更低的度的节点相连接。因为分类性由度决定,而不是由连接的权重或方向决定,所以需要对称化和二分化预处理步骤。通过分析相关系数值大于 0($r>0$)表明两个节点的度都是高或低的度,相关系数小于 0($r<0$)表示两个节点的度一个更高、一个更低。因此,相关系数大于 0 称为分类混合,小于 0 称为分裂混合。在相互作用互联网的网络中主要观察分解混合(在显著数量的连接之间具有高度的节点和低度的节点)。钢铁产品贸易关系分类性为 -0.592 且为混合关系(见图 6.6)。

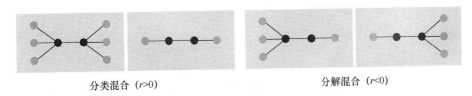

分类混合($r>0$)   分解混合($r<0$)

图 6.6 分级关系

6.1.5 网络属性

因此,在开始分析之前,建议研究整个网络的以下内容索引[9]。观察钢铁产品贸易中关系的网络属性关系的节点数为 9，链路数为 16，密度为 0.222，平均度为 1.778，弱组成数为 1，强组成数为 5，包容性为 1（见表 6.4 和图 6.7）。

表 6.4 网络属性索引

索　引	描　述
节点数	存在于整个网络中的节点数量
链接数	存在于整个网络中的链路数量
密度	整个网络中实际连接的链路与所有可能链路的占比
平均度	节点间的平均度
（弱或强）组件数	存在于整个网络中的黏性亚群的数目
包容性	除了孤立节点之外的连接节点的数量与整个节点数量的比率

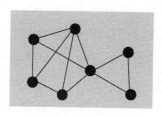

节点数	7	平均度	1.571
链接数	11	组件数	1
密度	0.524	包容性	1

图 6.7 网络属性

6.2 角色

角色分析提供了一个索引，它捆绑了一群行动者，它们在网络中有相似的关系模式，它使得在复杂网络中能有效识别行动者角色。因此，分析遵循网络的基本假设，其中位置取决于网络内的关系并且角色取决于位置。此外，因为节点是假定具有定义的位置和角色，所以角色分析应始终确保所有节点属于单个组。角色分析通常与相似性分析进行比较，其中相似性定义了各个属性的典型相似性角色分析关系模式的相似性，换句话说，即网络内的位置相似性。

6.2.1 结构等价

结构等价通过类似的社会地位对行为者进行分组，并且描述行动者在组间的关系，提供行动者在网络内的相对关系的信息[10]。因此，不管两个行动者间的关系如何，结构等价由每个行动者与其他行动者的关系类型形成。即使没有直接连接，在网络中具有或多或少相似角色的行动者被认为具有相同的社会地位的结构。例如，类似于图 6.8，节点 B 和 C 从 A 接收链路，节点 D、E 和 F 发送链路。这里，节点 E 和 F 从节点 B 和 C 接收链路，但是节点 D 也向节点 G 发送链路，它能区分特定节点。因此，在本网络中，节点 B 和 C，节点 E 和 F 具有类似的关系模式，可以被识别为相同的位置结构。

结构等价共享相同的邻居和相同的关系方法，它提供了两个节点之间的相似性的间接证明，即与同一节点连接的两个随机节点如果具有相同关系模式（链路的方向），则它们可以被确定为具有等价性。

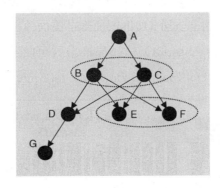

图 6.8　结构等价

但是，结构等价不是距离为 2 或更大的，而是与邻居节点之间的直接连接的分析，其作用仅限制局部区域。

一般来说，结构等价通过欧氏距离和相关系数测量。如果结构等价是通过欧几里得距离进行测量的，矩阵中行和列的节点比较将产生一个 in-degree 和 out-degree 值。如果两个随机节点在结构上地位不相同，则欧几里得距离将大于 0；如果两个节点在结构上地位等同，节点的行和列的结果将导致相同的 in-degree 和 out-degree 值，欧几里得距离等于 0。例如，如果节点 i 和 j 连接到 k（outdegree）并且 k 也连接到节点 i 和 j（in-degree），则节点 i 和 j 的欧几里得距离是 0（$Sd_{ij} = 0$），并且两个节点在相同的位置：

$$Sd_{ij} = \sqrt{\sum_{k=1}^{g}\left[(Z_{ik} - Z_{jk})^2 + (Z_{ki} + Z_{kj})^2\right]} \tag{6.1}$$

如果通过相关系数测量结构等价性，当随机节点 i 和 j 被相等地间隔时，它的值为+1（$r_{ij} = 1$），对于非对称分布的随机节点，其值将为 0（$r_{ij} = 0$）。相关系数可以使用公式（6.2）计算，其中 $\overline{Z}_{i\cdot}$ 和 $\overline{Z}_{j\cdot}$ 是行 i 和行 j 的平均值，$\overline{Z}_{\cdot i}$ 和 $\overline{Z}_{\cdot j}$ 是列 i 和列 j 的平均值：

$$r_{ij} = \frac{\sum(Z_{ik} - \overline{Z}_{i\cdot})(Z_{jk} - \overline{Z}_{j\cdot}) + \sum(Z_{ki} - \overline{Z}_{\cdot i})(Z_{kj} - \overline{Z}_{\cdot j})}{\sqrt{\sum(Z_{jk} - \overline{Z}_{i\cdot})^2 + (Z_{jk} - \overline{Z}_{j\cdot})^2}\sqrt{\sum(Z_{ki} - \overline{Z}_{\cdot i})^2 + (Z_{kj} - \overline{Z}_{\cdot j})^2}} \tag{6.2}$$

当使用欧几里得距离和相关系数测量结构等价时，从两个指标得到的值可能不总是相同。通过相关系数测量时，如果间距相等则值将为+1，但是由于平均值和方差的差异，使用欧几里得测量的距离不会是完全相等的间隔，即使是测量相同节点。

因此，如果关注的是两个节点之间的关系模式，使用欧几里得距离的等价分析将是有帮助的。

此外，考虑网络文档大多数为二进制文档，也可以使用相似性和不相似性指数测量结构等价。代表性的测量方法是简单匹配、Jaccard、Russel 和 Rao。简单匹配表示为比率，其中对应于矩阵中两个随机节点的现有链路的数量作为分子，总链路数作为分母。Jaccard 系数通过简单匹配排除分子和分母不一致的连接。这是为了考虑由于更大的网络规模而缺少符合的连接的可能性，因为网络的大小可能导致形成连接困难。因此，缺少符合的连接的测量可能使测量值扭曲并从分析中排除。Russell 和 Rao 是将不符合连接值的度量从分子中排除。

通过欧几里得距离的结构等价分析和钢产品贸易关系矩阵[11]验证，墨西哥和加拿大在进口和出口方面具有结构上等价的关系，而韩国、中国和日本在进口关系上存在结构等价关系，如表 6.5 所示。加拿大、墨西哥和巴西在出口关系中结构等价，新加坡和泰国被认为在出口关系上结构等价。根据矩阵分析，如果发现每个节点均具有结构等价。结构上的等价关系也可以通过图 6.9 所示的树形图进行验证。

表 6.5　结构等价结果

输入方向（进口关系）→		输出方向（出口关系）→								
		S. Korea	China	Japan	USA	Brazil	Canada	Mexico	Singapore	Thailand
	S. Korea	0.000	1.000	1.000	2.000	1.414	1.414	1.414	1.732	1.732
	China	0.000	0.000	1.414	2.236	1.732	1.732	1.732	1.732	2.000
	Japan	0.000	0.000	0.000	2.236	1.732	1.732	1.732	2.000	1.732
	USA	1.732	1.732	1.732	0.000	1.414	1.000	1.000	1.414	1.414
	Brazil	1.414	1.414	1.414	2.236	0.000	0.000	0.000	1.000	1.000
	Canada	1.732	1.732	1.732	2.236	1.000	0.000	0.000	1.000	1.000
	Mexico	1.732	1.732	1.732	2.236	1.000	0.000	0.000	1.000	1.000
	Singapore	1.000	1.414	1.000	2.236	1.000	1.414	1.414	0.000	0.000
	Thailand	1.000	1.000	1.414	2.236	1.000	1.414	1.414	1.414	0.000

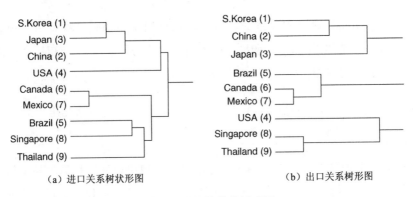

（a）进口关系树状形图　　　　　　　（b）出口关系树形图

图 6.9　结构等价的树形图

6.2.2　自变等价

虽然结构等价和自变等价在测量网络中节点的作用时具有相似性，但是有明显的区别[7]。例如，如果节点 i 和 j 连接到其他节点的关系形式相同，节点 i 和 j 将具有结构等价；如果关系形式和图 6.10 类似，即使节点不相同，也存在自变等价。也就是说，B 和 C 不能被假定为具有结构等价，但是具有类似的关系模式可以被认为具有自变等价。此外，D、E、F 和 C 也可以被认为是自变等价的节点。因此，自变等价可以被认为是一种分析，定位节点有相同的网络分析指数，包括度、可达节点和中心性。

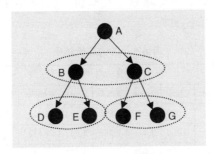

图 6.10　自变等价

6.2.3　角色等价

角色等价用于查找比结构等价数更少的等价组[12]。例如，如果 A 国和 B 国向 D、E 和 F 国出口，假设 A 国比 D 国有更多的出口贸易，B 国比 F 国有更多的出口贸易，则 A 国和 B 国不是结构等价的，但是考虑这两个国家对另一个国家有较高的出口贸易则显示等价。换句话说，结构位置的关系类型也许不同，但是具有相似情况，即有两个国家对另外的国家有较大的出口贸易（见表 6.6）。

表 6.6　角色等价结果

	S. Korea	China	Japan	USA	Brazil	Canada	Mexico	Singapore	Thailand
S. Korea	0.000								
China	0.202	0.000							
Japan	0.202	0.000	0.000						
USA	0.551	0.503	0.503	0.000					
Brazil	0.401	0.487	0.487	0.709	0.000				
Canada	0.391	0.500	0.500	0.698	0.220	0.000			
Mexico	0.391	0.500	0.500	0.698	0.220	0.000	0.000		
Singapore	0.429	0.505	0.505	0.621	0.242	0.253	0.253	0.000	
Thailand	0.429	0.505	0.505	0.621	0.242	0.253	0.253	0.000	0.000

角色等价不需要相同节点的条件，而是通过关系模式的相似性和等价性来计算三元关系的分布。因此，找到三元关系中任意节点和其他节点不同模式的总数，比较三元关系的分布来测量角色等价。如果网络大小为 g，则当前节点与其他节点之间的三元组关系的数量将为（$g-1$）（$g-2$）/2。36 种不同类型的三元组关系如图 6.5 所示。如果节点 i 和节点 j 是在 36 种三角关系之间均匀分布的，角色等价的距离将为 0（$Rd_{ij} = 0$）；如果不均匀分布，则该值将更接近 1。P 是节点 i 与 36 种三元组的 t 类型关系的数量关系。

$$Rd_{ij} = \sqrt{\sum_{t=1}^{36} (P_{it} - P_{jt})^2} \qquad (6.3)$$

在角色等价中，等价性可以通过识别角色关系的等价性来确定，即使详细的结构关系可以不同。因此，在对分析对象的网络矩阵进行二分法之后，若欧几里得距离的计算值接近 0，可以假定为角色等价；如果值接近 1，则可以假定它不是角色等价。从钢铁产品贸易关系矩阵进行分析，加拿大和墨西哥，中国和日本，新加坡和泰国被发现有完美的角色等价。另一方面，巴西被发现有结构等价，但不是角色等价。巴西与加拿大和墨西哥有结构等价，其中所有国家都出口到美国，但巴西不进口，不像加拿大和墨西哥。

6.2.4 规则等价

与所有等价关系相比，规则等价的定义可以被认为是最宽松的。当两个随机节点和其他节点有相似关系时，则认为这两个节点规则等价。如果节点 j 和节点 l 的关系与节点 i 和节点 k 的关系相似，则节点 i 和节点 j 被认为是规则等价的。例如，如图 6.11 所示，如果 B、C 和 D 是团队领导，E、F、G、H 和 I 是团队成员，则 B、C 和 D 形成规则等价的组，F、G、H 和 I 也形成规则等价的组（见表 6.7）。

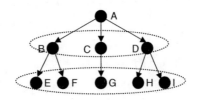

图 6.11 规则等价

表 6.7 规则等价结果

	S. Korea	China	Japan	USA	Brazil	Canada	Mexico	Singapore	Thailand
S. Korea	1.000								
China	0.973	1.000							
Japan	0.973	1.000	1.000						
USA	0.952	0.945	0.945	1.000					
Brazil	0.652	0.669	0.669	0.311	1.000				
Canada	0.962	0.946	0.946	0.882	0.667	1.000			
Mexico	0.962	0.946	0.946	0.882	0.667	1.000	1.000		
Singapore	0.500	0.426	0.426	0.734	0.000	0.637	0.637	1.000	
Thailand	0.500	0.426	0.426	0.734	0.000	0.637	0.637	1.000	1.000

规则等价分析存在两个节点的组连接，其中团队领导和团队成员形成一种关系，而不是专注于特定团队领导者和特定团队成员之间的特定关系。这种方法是重要的，因为它提供了一个从所述网络内的现有连接类型确定所述社交状态的方法。规则等价规定了社会地位，尝试通过社会地位而不是依靠节点本身的属性理解相互间关系，发现网络内连接类型的行为导致确定的社会地位。规则等价从输入数据和生成相似度矩阵开始，生成相似度或非相似度。该矩阵由相关系数或欧几里得距离表示。该矩阵形成簇矩阵，并且是使用 REGGE[13]或 CatRE[14]方法对相同社会地位进行分类的基础，然后可以通过分层聚类图、树状图、多维缩放等进行可视化。REGGE 通常用于有方向型数据，其中可以使用数学算法或图形表示，并且具有可以通过各种方法获得结果的优点。CatRE 通过集群变量获得，必须包括聚类变量。根据集群的级别，分层集群图显示了节点组的分层位置。树状图根据集群级别显示具有相同角色的节点的分组。多维缩放使用相似性矩阵确定节点间的坐标，并且是用于节点辅助分类的方法。

规则等价可以在有类似角色的成员间建立关系，并使用有方向的 REGGE 数据，对钢铁产品贸易关系矩阵进行规则等价分析。矩阵中的值接近 1 被定义为规则等价；值接近 0 被认为不等价。可以发现中国和日本，加拿大和墨西哥，新加坡和泰国规则等价，而巴西和新加坡、泰国则不等价。SimRank[15]具有与特征向量中心性相似的原理，其中根据邻里相似性平均值计算两个节点之间的相似性。因此，节点之间的值与被选择的两个参考节点的值被认为是类似等价的。SimRank 得分通过节点对计算，并且如果提供了衰减参数，则可以测量整个网络（每个步骤的 SimRank 得分=衰减参数×节点对的相邻性得分和）。SimRank 从节点对开始并连续计算，从而在每个步骤产生新值（每个步骤的 SimRank 得分=衰减参数×节点对的相邻性得分和）（见表 6.8）。

表 6.8 SimRank 的结果

输入方向（进口关系）→		输出方向（出口关系）→								
		S. Korea	China	Japan	USA	Brazil	Canada	Mexico	Singapore	Thailand
	S. Korea	1.000	0.188	0.188	0.107	0.316	0.316	0.316	0.000	0.000
	China	0.392	1.000	0.142	0.093	0.240	0.240	0.240	0.000	0.000
	Japan	0.392	0.392	1.000	0.093	0.240	0.240	0.240	0.000	0.000
	USA	0.247	0.247	0.247	1.000	0.000	0.000	0.000	0.000	0.000
	Brazil	0.000	0.000	0.000	0.000	1.000	0.800	0.800	0.000	0.000
	Canada	0.149	0.149	0.149	0.089	0.000	1.000	0.800	0.000	0.000
	Mexico	0.149	0.149	0.149	0.089	0.000	0.800	1.000	0.000	0.000
	Singapore	0.528	0.256	0.528	0.247	0.000	0.149	0.149	1.000	0.000
	Thailand	0.528	0.528	0.256	0.247	0.000	0.149	0.149	0.256	1.000

SimRank 分数范围从 0 到 1，更接近 1 的值导致两个节点具有等价性。SimRank 的衰减参数为 0.8。使用 SimRank 得分分析贸易关系，巴西、加拿大和墨西哥具有等价性，它们都向美国出口，并且在进口关系方面，墨西哥和加拿大也都从美国进口。

网络中的有利位置能增加竞争力，不仅能提高生产率，还可以获得高质量的信息。此外，节点位于网络内的类似位置可以形成更紧密的联系而且通信更简单，但也可能形成可替换的竞争关系。因此，通过识别网络中的每个节点的位置并有效地利用位置，能建立更有效的竞争优势。

6.2.5 建模

为了识别位于特定位置的节点与其他不同位置的节点是否存在连接，可以形成块模型[7]。在块模型中，节点被分组并且在组间形成新的关系。更详细地，块模型基于多重关系来识别组之间的关系，而不是专注于单个节点的信息。在上述提到的节点关系中，如果节点被分组到相似的模式，则块建模是两组或多组之间的连接关系的总结。

对于块建模，首先将单个节点的矩阵转换到具有相同属性的节点的分组。这里的相同属性是指节点的属性。为了识别组之间的关系，必须获得每组的密度。例如，计算组 1 和组 2 的密度及组 1 和组 2 节点间的连接，允许识别组内和组外连接。通过实现组之间的连接，组间的图像矩阵关系可以在完成二分法后完成。图像矩阵是两者之间的连接的示意图，它可以是按比例缩小的组间连接图。通过块建模可以简化复杂网络并且可以直观地识别关系模式。

在图 6.12（a）所示的分割中，A 是分割领导，B、C 和 D 是团队领导，E、F、G、H 和 I 是团队成员。 B、E 和 F 在团队 1，C 和 G 在团队 2，D、H 和 I 在团队 3。块模型划分可以表示为图 6.12。

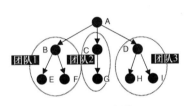

(a) 网络的可视化

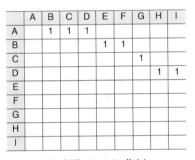

	A	B	C	D	E	F	G	H	I
A		1	1	1					
B					1	1			
C							1		
D								1	1
E									
F									
G									
H									
I									

(b) 矩阵（node by 节点）

	A	B	C	D	E	F	G	H	I
0	1	0	0	0	0	0	0	0	0
1	0	1	0	0	1	1	0	0	0
2	0	0	1	0	0	0	1	0	0
3	0	0	0	1	0	0	0	1	1

(c) 块节点附属矩阵（逐组）

	0	1	2	3
0	0	1	1	1
1	0	1	0	0
2	0	0	1	0
3	0	0	0	1

(d) 块图像矩阵（逐组）

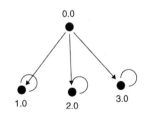

(e) 块图像矩阵的可视化

图 6.12 块建模

在钢铁产品贸易关系矩阵的块模型中，这些国家的位置导致亚洲出口到北美，而北美进口和出口到南美。块建模将节点简化为具有相似属性的节点块，使得可以用更简单的形式直观地观察网络关系。即使是钢铁产品贸易关系，国与国之间的贸易也可以通过区域间贸易的关系来确定（见图 6.13）。

	S.Korea	China	Japan	USA	Brazil	Canada	Mexico	Singapore	Thailand
Asia	1	1	1	0	0	0	0	1	1
North America	0	0	0	1	0	1	0	0	0
South America	0	0	0	0	1	0	1	0	0

(a) 块节点联系矩阵（node by组）

	Asia	North America	South America
Asia	1	1	0
North America	0	1	1
South America	0	1	0

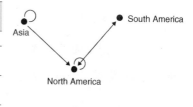

(b) 块图像矩阵（逐组）　　　　　　　(c) 块的可视化图像矩阵

图 6.13　块建模的结果

参 考 文 献

1. Harary, F. (1969) Graph Theory, Addison-Wesley, Reading, MA.

2. Even, S. (1979) Graph Algorithms, Computer Science Press, Rockville, MD.

3. Floyd, R.W. (1962) Algorithm 97: shortest path, Communications of the ACM, 5(6), 345.

4. Roberts Jr, J.M. (2000) Simple methods for simulating sociomatrices with given marginal totals, Social Networks, 22(3), 273-283.

5. Holland, P.W., and Leinhardt, S. (1970) A method for detecting structure in sociometric data, American Journal of Sociology, 70, 492-513.

6. Frank, O. and Harary, F. (1982) Cluster inference by using transitivity indices in empirical graphs, Journal of the American Statistical Association, 77, 835-840.

7. Wasserman, S. and Faust, K. (1997) Social Network Analysis: Methods and Application, New York: Cambridge University Press.

8. Newman, M.E.J. (2002) Assortative mixing in networks, Physical Review Letters, 89, 208701.

9. Scott, J. (2000) Social Network Analysis, London: SAGE .

10. Burt, R.S. (1976) Position in network, Social Forces, 55, 93-122.

11. Lorrain, F. and White, H.C. (1971) Structural equivalence of individuals in social networks, Journal of Mathematical Sociology, 1, 49-80.

12. Winship, C. and Mandel, M. (1983) Roles and Positions: a critique and extension of the blockmodeling approach. In: Leinhardt, S. (Ed.), Sociological Methodology 1983-1984, San Francisco, CA: Jossey-Bass, 314-344.

13. (a) White, D.W. and Reitz, K.P. (1983) Graph semigraph homomorphism on network relations, Social Networks, 5, 193-234; (b) White, D.W. and Reitz, K.P. (1985) Measuring Role Distance: Structural and Relational Equivalence, University of California, Irvine, CA.

14. (a) Everett, M.G. and Borgatti, S.P. (1993) Two algorithms for computing regular equivalence, Social Networks, 15, 361-376; (b) Everett, M.G. and Borgatti, S.P. (1993) Extract colorations of graphs and digraphs, Social Networks, 18, 319-331.

15. (a) Jeh, G. and Widom, J. (2002) SimRank: a measure of structural-context similarity, In Proceedings of the 8th ACM SIGKDD (Association for Computing Machinery's Special Interest Group on Knowledge Discovery and Data Mining) international conference on Knowledge discovery and data mining, 538-543, NY: ACM Press; (b) Jeh, G. and Widom, J. (2003) Scaling Personalized Web Search, In Proceedings of the 12th international conference on World Wide Web, 271-279, NY: ACM Press.

## 第 7 章

NetMiner 的数据结构

NetMiner[1]中的数据结构由具有多个数据项的数据集组成，它们被用作分析的基本单位，所有分析和可视化都在该数据集上进行。在数据项中，有主节点集、子节点集、单模式网络和双模式网络。使用数据集的分析结果称为过程日志。在 NetMiner 中，分析工作的最小单位是一个工作文件，并且过程日志和数据集包括在工作文件中。多个工作文件通过项目来管理，NetMiner 的基础数据文件是通过项目来进行管理的，它使用的文件扩展名为nmf（NetMiner 文件）。

7.1 数据示例

已经在第 2 章引入了 NetMiner：分析网络的基本程序。这里，使用示例数据解释 NetMiner 的网络分析详细教程。在安装的 NetMiner 程序的文件夹中可使用 NetMiner 中的示例数据，如果研究人员选择安装文件夹作为根路径，示例数据将存在于 C:\ProgramFiles\Cyram\NetMiner\SampleData.中。这里讨论的示例数据将是 01.Org_Net_Tiny1, 02.Org_Net_Tiny2, and 03.Org_Net_Tiny3。

7.1.1 01.Org_Net_Tiny1

在主节点集中，有 22 个拥有信息标签和属性的虚拟员工，一个具有相互认识，能相互帮助的朋友关系的雇员的单模式网络。在子节点集中，关于员工在俱乐部、兴趣项和购买的商品的喜好是可用的三个子节点集，与每个子节点集具有双模式网络（见表 7.1）。

7.1.2 02.Org_Net_Tiny2

在主节点集中，有 39 个虚拟雇员，他们有标签和属性，其中包括具有合作和友谊关系、知识交换关系、信任和影响关系的单模式网络。在子节点集中，由俱乐部成员、爱好和对 10 部电影的评估组成双模式网络（见表 7.2）。

表 7.1　01.Org_Net_Tiny1 的节点集和网络

01．主节点集	节点标签		雇员姓名
	属性		教育，性别，工作排名，年龄
02．单模式网络	00．边 01．矩阵 02．连接清单		个人帮助，工作关系，工作帮助 个人认识 个人好友
03．子节点集	俱乐部	节点标签	俱乐部 1，2，3
		属性	俱乐部名称，经理，成员
	兴趣项	节点标签	体育，健康，音乐
		属性	类别（聚会，独处）
	商品	节点标签	大米，裙子，铅笔，电视，音频，计算机，MP3 播放器，裤子，书，苹果
		属性	Mart（Mart 1，2，3）
04．双模式网络	00．边列表 01．矩阵 02．链表		购买（0.5 是愿望清单的产品） 感兴趣（感兴趣的爱好） 俱乐部联系（加盟俱乐部）

表 7.2　01.Org_Net_Tiny2 的节点集和网络

01．主节点集	节点标签		雇员姓名
	属性		团队，性别，教育，年龄
02．单模式网络	00．边列表 01．矩阵 02．连接列表		合作，朋友关系 信任 影响
03．子节点集	俱乐部	节点标签	俱乐部 A~G，I，K，L~S
		属性	建筑，房间
	兴趣	节点标签	绘画，陶器，书籍，动画，烹饪，音乐，象棋，博客，军事，天文学，漂流，滑雪，跳舞，篮球，足球
		属性	
	电影标题	节点标签	教父，卡萨布兰卡，辛德勒名单，纸浆小说，星球大战，心理，公民凯恩，纪念品，战斗俱乐部，矩阵
		属性	导演，研究员评级，类别（戏剧，战争，惊悚等），公司
04．双模式网络	00．边列表 01．矩阵 02．连接列表		电影得分 和同事的兴趣，和朋友的兴趣 所属俱乐部

7.1.3　03.Org_Net_Tiny3

在主节点集中，关于标签和属性的信息，提供了 5 个单模式网络的 100 个虚构员工，包括网络中建议的来源和对雇员的影响、雇员向谁汇报、从谁那获得创新的想法，以及员工向谁谈论个人问题。此外，还包含一个双模式网络的子节点集内雇员兴趣信息的样本数据（见表 7.3）。

表 7.3　01.Org_Net_Tiny3 的节点集和网络

01．主节点集	节点标签	雇员姓名	
	属性	团队，性别，绩效水平，职位，工作满意度	
02．单模式网络	00．边列表	咨询，影响，报告，谈关于创新理念与谈关于个人问题	
03．子节点集	事件	节点标签	事件 1~4
		属性	重要性，主题，建议，日期
04．双模式网络	00．边列表	感兴趣的事件	

7.2　主要概念

7.2.1　数据结构

NetMiner 中的数据结构由包含多个数据项的数据集组成，用作分析的基本单位，并通过这个数据集进行所有分析和可视化。在数据项中，有主节点集、子节点集、单模式网络和双模式网络。使用数据集的分析结果称为过程日志。

NetMiner 中分析工作的最小单位是工作文件，过程日志和数据集包含在工作文件中。多个工作文件通过一个项目来管理，NetMiner 的基本数据文件作为项目进行管理，保存为 nmf 的文件扩展名。组织的层次结构在图 7.1 中提供。

1．数据集

在 NetMiner 中，设置为单模式网络的节点集是主节点集，使用双模式网络设置的节点是子节点集。一个数据集将有一个主节点集与几个子节点集。因此，用灰色复选标记区分主节点和子节点集合。

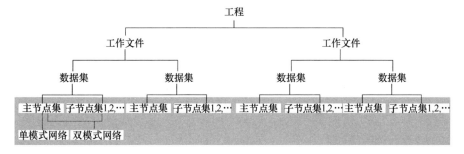

图 7.1　NetMiner 数据的分层结构

2．属性数据

属性不仅存在于节点中，还存在于链接中。节点属性是每个节点的属性，链接属性是对链接本身分配的属性。节点和链接的属性数据可以通过从特定节点或链接提取信息有效地使用和分析，并根据可视化输出的属性在网络图内分配不同的颜色或尺寸（见图 7.2）。

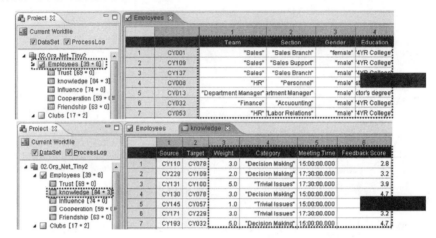

图 7.2　节点和链接的属性

3．工作文件

用于分析和可视化的数据集和进程日志的基本单元在 NetMiner 中称为工作文件。进程日志包含分析和可视化结果；查询集，其中包含特定节点和链路提取条件；选择，其中包含为网络图选择的特定节点信息。

4．项目

换句话说，即使工作文件中设置的节点是不同的，类似的数据也可以在一个项目下管理。如果一个有不同主节点集的模块执行，新的工作文件将自动被创建。供参考，在每个数据项旁边将会分配一个系列的数字示例，如[39 * 8]，对应于节点集的 39 个节点和 8 个节点属性，以及链接集的 39 个链接和 8 个链接属性。

7.2.2　生成数据

1．创建项目

可以选择启动文件的"File>New>Project"，然后选择项目类型。存在两种项目类型，包括空白项目和单例项目。空白项目用于生成没有工作文件的项目，通常研究者使用导入函数直接组成工作文件和数据项。单例项目用于生成未命名的工作文件、主节点集、单模式网络，研究者直接在 NetMiner 程序中插入数据。图 7.3 是当研究者选择一个空白或单例项目时数据管理区域的截图。

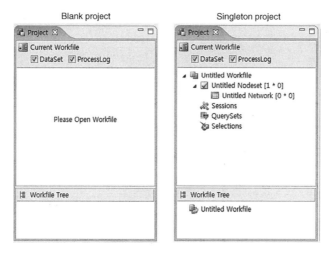

图 7.3　新建项目类型

2．创建工作文件

工作文件是分析和可视化的基本单元，包含数据集和过程日志，其中必须首先生成工作文件进行实际分析。依次单击"File>New>Workfile dropdown menu"即能创建工作文件名称。如图 7.4 所示，创建的工作文件可以在当前工作文件（❶）和工作文件树（❷）被验证。创建工作文件后，主节点集、单模式网络、双模式网络的数据项可以直接从其他来源生成或导入。

3．创建数据项

当前工作文件中的数据项描述主节点集、子节点集、单模式网络、双模式网络。创建的数据项可以使用："Data>Create New Item>one-mode network"。例如，如图 7.5（a）所示，让我们创建标记为"My 1-mode Network Data"的单模式网络数据（见图 7.5a❶）。配置单模式网络的名称时，对话框下面的选项用来确定研究者是否将创建一个有方向的网络（无向关系）或允许多个链接。创建单模式网络后，"My 1-mode Network Data"将被添加到当前工作文件[见图 7.5（a）]。

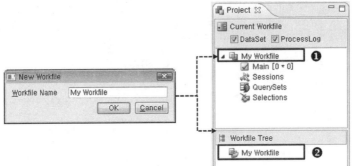

图 7.4　工作文件

（a）创建新的单模式网络

（b）创建新的子节点集

（c）创建新的双模式网络

图 7.5　创建网络和节点集

在创建双模式网络之前，通过选择"Data>Create New Item>SubNodeset dropdown menu"创建子节点集。类似于图 7.5（b），可以在当前工作文件的子节点集中创建和验证"My SubNodeset"。当生成子节点集合时，可以创建双模式网络（"Data>Create New Item>two-mode Network"）。这里，可以通过选择先前创建的子节点集来生成"My 2-mode Network Data"，如图 7.5（c）所示。

7.2.3　插入数据

在数据项被创建之后，研究者可以直接添加节点和链接属性。要在节点集中插入节点或节点属性，必须双击当前工作文件中的节点集才能激活数据编辑区域。单击活动窗口数据编辑区域内的列中的鼠标右键，用户可以从菜单中选择插入节点[见图 7.6（a）❶]。这里，如果在"My node"中添加了 5 个节点[见图 7.6（a）❷]，就能看到在数据编辑区域中生成 5 个新节点[见图 7.6（a）❸]。要添加节点属性，可以在数据编辑区域的行中按下鼠标右键，用户可以在菜单中选择插入属性[见图 7.6（b）❶]。如果在"My attribute"中选择数字类型[见图 7.6（b）❷]并添加，将生成对应于"−999 999"的系统默认值作为节点属性并验证[见图 7.6（b）❸]。然后研究人员可以亲自以数字的形式插入属性数据。可选择数字、文本、日期时间（YYYY-MM-DD 00:00:00），或者时间（00:00:00）属性类型。

要添加链接或链接属性，必须在当前工作文件中通过单击并激活数据编辑区域，选择单模式网络或双模式网络。对于添加链接，研究者可以在[matrix]选项卡的每个单元格内直接插入链接权重，并从菜单中选择"Insert Link"[见图 7.7（a）❶]。通过单击相应的数据编辑区域中的按键可以移动[matrix]和[Link List]选项卡。选择"Insert Link"后，对话框允许通过选择源节点和目标节点，以及通过插入链接的权重形式添加链接[见图 7.7（a）❷]，链接和链接权重将被添加[见图 7.7（a）❸]。

链接属性可以从[Link List]选项卡添加，然后单击鼠标右键并使用菜单中的"Insert Attribute"[见图 7.7（b）❶]。这里，链接属性为"Meeting Time"，数据类类型为 DATETIME[见图 7.7（b）❷]，结果为添加链接属性[见图 7.7（b）❸]。

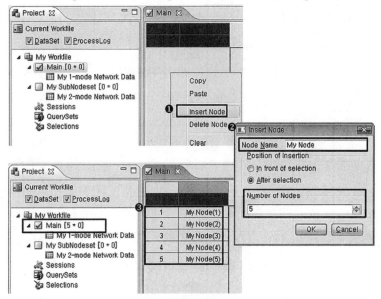

(a) 插入新节点

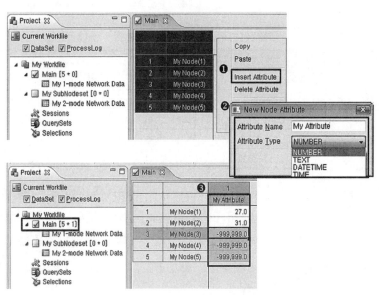

(b) 插入新节点属性

图 7.6　插入节点和节点的属性

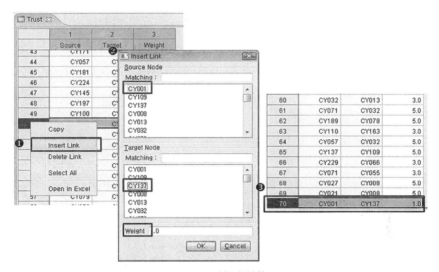

(a) 插入新链接

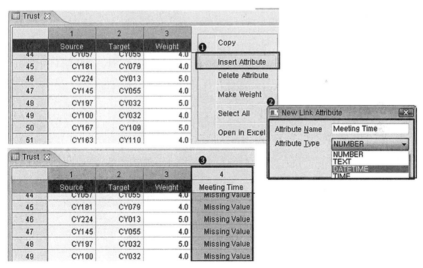

(b) 插入新链接的链接属性

图 7.7 插入链接和链接的属性

7.2.4 导入数据

可以使用屏幕中的主菜单，通过单击鼠标右键导入数据。在主菜单中，可以
选择 "File>Import" 或可以检索 "Data>Import Data item"。在 NetMiner 中，数据

文件类型可以为 Text（csv，txt），Excel（xls，xlsx），NetMiner3 以前的版本文件（ntf），UCINET 文件（dl），Pajeck 文件（net，vec），StOCNET 文件（数据，txt），GML 文件（gml）。 这里将详细说明如何使用典型的文本文件和 Excel 文件。

要导入文本文件和 Excel 文件，研究者可以选择 "File>Import> Excel File（Text File）"。 文本文件和 Excel 文件的对话框几乎相同，导入 Excel 文件时有一个额外的组合框用于选择 Excel 工作表（见图 7.8）。

图 7.8　数据导入

❶输入文件：用于选择导入的文件的菜单。对于 Excel 文件，研究员必须在组合框中选择要导入的工作表。

❷文件预览：是一个菜单项，用于预览要导入的数据表。

❸分离器：是一个菜单项，在导入文本文件时变为活动状态，并向研究者提供选择，用于区分数据列的分离器类型的选项。选择的分离器将反映在文件预览中。

❹文本限定符：导入文本文件时将激活的菜单项，其中研究者可以选择特定列被分类为文本。例如，如果选择引号，引号内的数据标记将被标志为文本。

❺标题：如果行和列中有标题，则将选择此标题的导入数据。

❻数据类型：根据数据类型，研究人员导入主节点集时可以选择网络类型（边列表、矩阵、链表）、子节点集、单模式网络、双模式网络。

❼目标工作文件：研究人员可以选择导入的菜单项数据将被添加到当前工作文件或新的工作文件中。

❽数据完整性选项：当研究人员将目标工作文件选择为当前工作文件时该按钮被激活。这将确定研究者是否将新节点添加到现有节点集中或保留当前工作文件中的现有节点号并只添加属性数据。

7.3 数据处理

7.3.1 更改链接

1. 对称化

对称化是将有向/不对称的单模式网络链接转换成无向/对称的单模式网络链接。对称化链接时，研究者可以选择"Transform> Direction> Symmetrize"并选择单模式网络。也可以同时选择多个单模式网络转换链接。这里以 01.Org_Net_Tiny1（工作交互）样本数据对称化为例。

在主要处理过程中，研究者选择算子[（MAX，MIN，SUM，PRODUCT，LOWER（对角线的下限值）；UPPER（对角线的上限值）]对方向对称化。这里，配置设置为默认值 MAX。执行对称化可以在当前工作文件中添加对称化的单模式网络（对话框：添加转换数据）（见图 7.9）。

2. 转置

转置的功能是改变单模式网络的方向，可选择"Transform>Direction>Transpose"。类似于对称，可以将转置的结果添加到当前工作文件中（见图 7.10）。

3. 二分法

根据运算符，可以将加权值转换为未加权的二进制数据（"Transform>Value> Dichotomize"）。研究者在主操作中选择算子（>，> =，=，<，<=，! =）转换为主进程内的二进制并确定变换操作的值。例如，如果运算符是"! =0"，则不等于 0 的任何 X_{ij} 值都将为 1，其他的为 0（见图 7.11）。

4. 反向

对于具有加权值的数据，链接权重变换即为反向，是将最大权重切换到最小权重（"Transform>Value>Reverse"）。反向可以在单模式网络、双模式网络和主节点集的节点属性上进行。当执行反向操作时，在主过程处理中，研究者可以通过[Diagonal Handling Option]忽略或保留对角线值，如果在[Process 0.0]选项中选择了[Include]，则为 0 反转到另一个值，否则将保留该值。此外，在反向时，通过[Method]选项，选择（Interval, Ration, Fixed Decay）可以修改加权值。在这里，选择[Fixed Decay]将使该值反转成小于输入 β 的值（β 可以为小于 1 的值）。使用对角线忽略选项和 01.Org_Net_Tiny1 方法中的选择比例选项的结果（工作交互）如图 7.12 所示。

（对称化前）

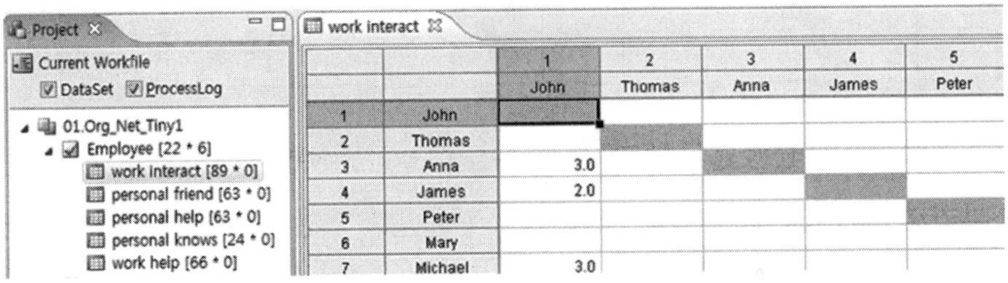

（对称化后）

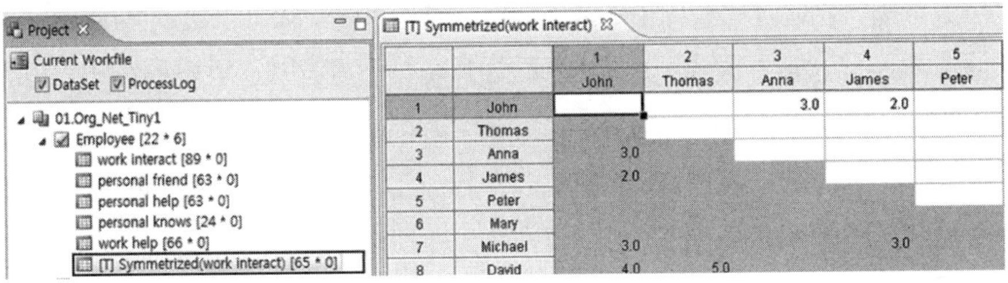

图 7.9　对称化

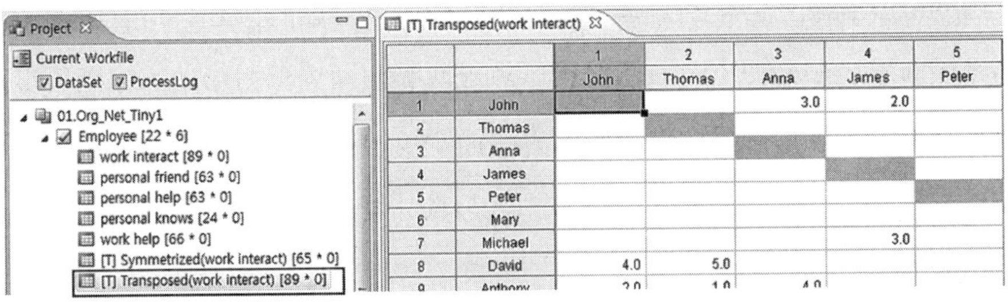

图 7.10　转置

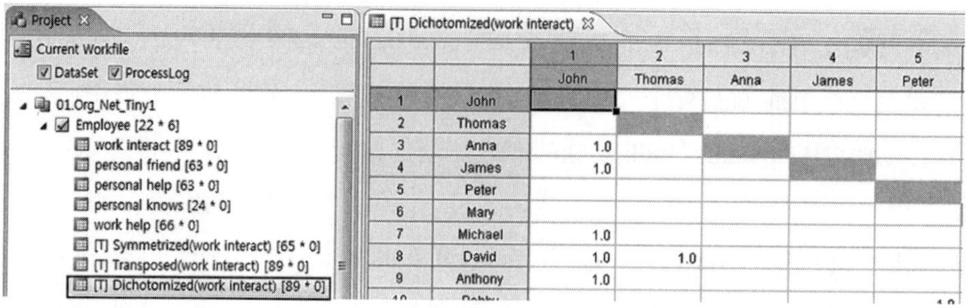

图 7.11　二分法

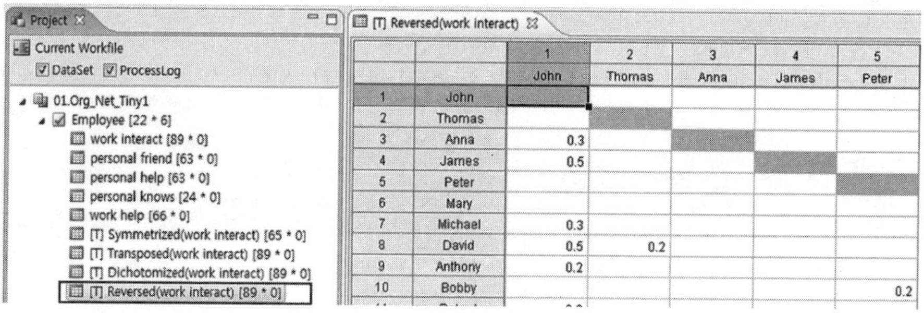

图 7.12　反向

5. 归一化

数据归一化通过比较各种数据作为统一参考。归一化可以通过"Transform > Value > Normalize"来执行，研究者在主操作中顺序选择[Diagonal Handling Option]、[Dimension]、[Stop condition]、[Criterion]选项。[Dimension]选项取决于[Criterion]，行和列被选择来进行归一化，在[Stop condition]中，分配归一化的迭代次数和增量值。当在[Dimension]选项中选择行和列时，[Stop condition]将被激活，研究者将插入增量值，低于增量值的值将停止归一化过程。在01.Org_Net_Tiny1（工作交互）中，[Diagonal Handling Option]为"忽略"，[Dimension]为"行"，[Criterion]为"求和"，其结果如图 7.13 所示。

6. 重新编码

如果执行"Transform > Value > Recode"，则可以将值在一定范围内转换为另一个值。01.Org_Net_Tiny1 主节点集的节点属性[见图 7.14（a）]被重新编码，年龄在 21 和 30 之间被重新编码为 1，年龄在 31 和 40 之间被重新编码为 2，年龄在 41 和 50 之间[见图 7.14（b）、（c）]被重新编码为 3。重新编码的结果添加到主节点集中[见图 7.14（d）]。

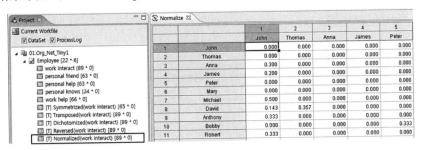

图 7.13　规范化

（a）输入变量　　　　　　（c）重新编码规则

（b）重新编码对话框

（d）重新编码的输出

图 7.14　重新编码

7. 缺少变量

如果有缺失的变量，可以通过"Transform > Value > Missing"插入一个特定的值。

8. 自循环

对角线值可以用特定值或节点属性中的值替换（"Transform>Value>Diagonal"）。这里，01.Org_Net_Tiny1（工作交互）中的对角线值 0 已经被替换为 1（见图 7.15）。

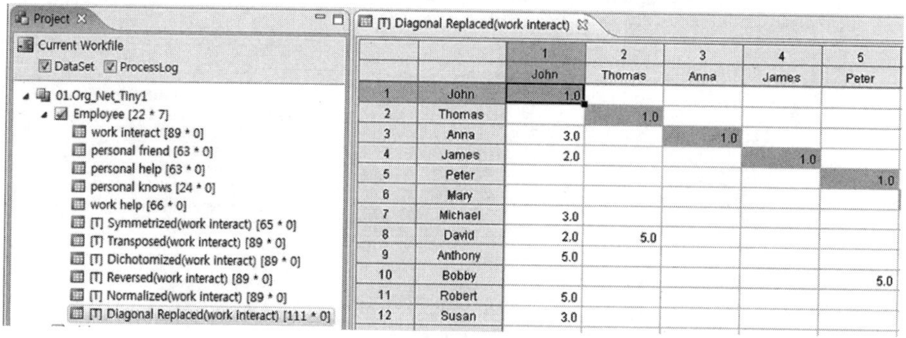

图 7.15　自循环

7.3.2　节点和链路的提取和重新排序

1. 节点和链接

当选择"Transform> Query"时，可以从显示的窗口中提取节点或链接[见图 7.16（a）]。 首先，通过选择节点集或链接集在 QuerySet 状态（❶）中提取，查询（❷）目标中提取并且可以在查询框（❸）中设置提取条件。 这里，雇员在 01.Org_Net_Tiny1 的主节点集中提取节点，其通过设置条件"Gender"=="Female"限制只有女性性别。提取条件的运算符如表 7.1 所示。设置提取条件后，研究人员可以使用[Try]按钮验证提取的节点数量，通过[Apply]按钮应用条件后，[Run]按钮被执行来提取节点。提取节点或链接之后，主节点集被改变，一个新的工作文件被创建，可以通过工作文件树中新的工作文件进行验证[见图 7.16（b）]。

2．邻居节点

邻居节点的数量和密度可以用方向（in、out、both）选择来验证。因为识别相邻节点考虑距离而不考虑链接的权重，所以研究者必须首先执行二分化操作（"Transform > Nodeset > Ego Network"）。

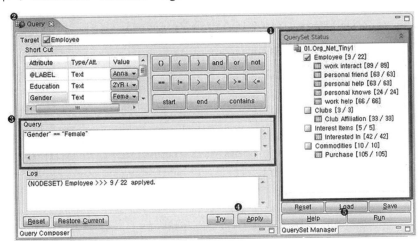

(a) QuerySet

(b) 新的工作文件

图 7.16　节点和链路的提取

3．重排序

重排序是主节点集和子节点集内的节点的重新排序。根据所选的属性值，节点可以按递增顺序排序（"Transform > Nodeset > Reorder"）（见图 7.17 和表 7.4）。

- **Output Summary**

DISTRIBUTION OF EGONET MEASURES

MEASURES	VALUE	
	SIZE	DENSITY
MEAN	5.909	0.623
STD.DEV.	2.109	0.179
MIN.	3	0.333
MAX.	12	1

(a) 输出摘要

		1	2
		Size	Density
1	John	12	0.348485
2	Thomas	6	0.600000
3	Anna	4	0.333333
4	James	4	0.666667
5	Peter	3	1.000000
6	Mary	5	0.800000
7	Michael	5	0.700000
8	David	9	0.583333
9	Anthony	9	0.500000
10	Bobby	5	0.700000
11	Robert	7	0.523810
12	Susan	8	0.500000
13	Steven	3	1.000000
14	Charles	5	0.700000
15	Ashley	6	0.533333
16	Richard	5	0.800000
17	Jessica	5	0.400000
18	Elizabeth	7	0.571429
19	Laura	4	0.833333
20	Jennifer	5	0.600000
21	Jackson	7	0.476190
22	Julia	6	0.533333

(b) 自我网络详细信息

图 7.17　邻居节点

表 7.4　提取操作

操作符	描述	举例	
and	提取 A 和 B 变量	"性别"="女性"and"团队"="HR"	为女性且为 HR
or	提取 A 或 B 变量	"性别"="女性"or"团队"="HR"	为女性或者为 HR
not	排除某个变量	not"团队"="HR"	非 HR 团队
==	提取某个特定的值	"性别"=="女性"	只取女性
≠	不等于某个特定值	"团队"≠"HR"	除了 HR 团队以外的其他
>	大于某个特定值	"年龄">30.0	年龄大于 30
<	小于某个特定值	"年龄"<30.0	年龄小于 30
≥	大于或等于某个特定值	"年龄"≥30.0	大于或等于 30
≤	小于或等于某个特定值	"年龄"≤30.0	小于或等于 30
start	以某个字段作为开始	性别 strat "Fem"	性别以 "Fem" 开始
end	以某个字段作为结束	"性别" 以 "male" end	性别以 "male" 结束
contains	包含某个特定值	"性别" contains "male"	性别包含 "male"
toupper	转换成大写	"性别" =toupper（"female"）	大写转换("female")等价于FEMALE
tolower	转换成小写	"性别" =tolower（"MALE"）	小写转换（"MALE"）等价于 male

7.3.3　数据合并和拆分

1. 合并

数据合并是两个或多个单模式网络的合并（"Transform>Layer>Merge"）。合并时，如果是单模式网络包含权重，它必须被二分为没有权重的二进制数据。选择要合并的单模式网络（❶）和对称选项（❷）。接下来，选择主处理的[Merge Option]（❸，And，Or，Sum，Average，Max，Min，Liner Sum）。如果链接的源节点和目标节点是相同的，[Liner Sum]选项将添加所有链接的权重值，且研究者想合并的每个网络的权重可以定义（❺）。这里，01.Org_Net_Tiny1 中的单模式网络将被合并。另外，在主过程的[Merge Option]中选择了求和操作（见图 7.18）。

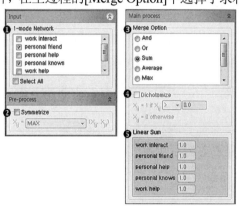

(a) 合并的主要过程

(b) 之前的单模网络合并

(c) 合并后的单模网络

图 7.18　合并

2. 分割

加权矩阵可以分为几个二进制矩阵（"Transform>Layer>Split"）。换句话说，通过低于特定的权重被赋值为 0 和高于特定的权重被赋值 1 来创建几个矩阵，其中研究者可以决定拆分算子，将输入数据转换成二进制格式。为了分割，首先必须选择一个单模式网络或双模式网络，在主过程汇总必须选择 [Split Operator]（Greater than，Greater than or Equal to，Equal to，Less than，Less than or Equal to，Not Equal to）（❶）。接下来，研究者必须按 0 值执行拆分矩阵[Process 0.0]（❷）。这里，分割是在 01.Org_Net_Tiny1 的工作交互上执行的。在[Split Operator]中选择 Greater than or Equal to，不选择[Process 0.0]，[Diagonal Handling Option]选择忽略。分割的结果是形成了 5 个单模式网络。在工作交互网络的情况下，加权的最大值为 5，被创建的 5 个网络的值大于或等于图 7.19 中的内容值（见图 7.19）。

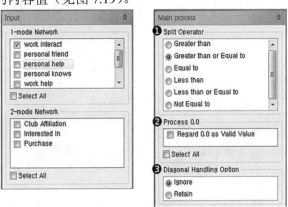

(a) 拆分后的主要流程

(b) 单模式网络

图 7.19　拆分

参 考 文 献

1. Cyram (2015). NetMiner v4.2.1.140729 Seoul: Cyram Inc.

## 第 8 章

使用 NetMiner 的网络分析

利用 NetMiner 中提供的样例数据进行网络分析的详细教程将在这章进行介绍。

8.1　中心地位和凝聚力子群

8.1.1　中心地位

1．度

如果有两个节点相互连接，则两个节点都是彼此相邻的。度可以通过单个独立节点与相邻节点的数量来测量，度分析是分析每个节点邻居节点数目的方法（Analyze>Neighbor>Degree）。分析时，可以在主过程中从[Measure]选项选择链接数或权重之和。默认设置定义单个节点的链接数来测量度。然而，如果研究者认为链接的权重比链接本身更重要，则可以通过权重选项在链接上应用权重进行分析。

从度的分析结果来看，整个网络的密度、相对于节点类型的节点数、悬挂节点的数量（节点只连接到一个节点的数量）、包容性（%）（孤立节点与节点总数的百分比）在[R]主报告中表示。在[T]节点类型中，每个节点被标识为特定节点类型，其中 NetMiner 总共有五种不同的类型，包括独立型（向内链接 = 0，向外链接= 0）、发送型（向内链接= 0，向外链接> 0）、接收型（向内链接> 0，向外链接= 0）、承载型（向内链接=1，向外链接=1）、普通型（非这四种类型的其他节点）（见图 8.1）。

除了分析结果之外，还提供了 Spring 地图，它基本从 Kamada 和 Kawai 算法中生成，如果要改变算法，研究人员可以利用过程控制面板的[Display]选项卡并选择布局算法。Spring 地图中节点的长度和宽度显示了入度，高度是出度。节点的颜色通过节点类型区分，入度和出度值标在节点名称旁边（例如，Richard 是发送者，入度为 0，出度为 5）（见图 8.2）。

NETWORK DENSITY
0.193

DISTRIBUTION OF DEGREE

MEASURES	VALUE	
	In-Degree	Out-Degree
SUM	89	89
MEAN	4.045	4.045
STD.DEV.	2.884	0.976
MIN.	0	2
MAX.	10	5
# OF ISOLATE		0
# OF PENDANT		0
INCLUSIVENESS(%)		100%

NUMBER OF NODE TYPE

Isolate	Transmitter	Receiver	Carrier	Ordinary
0	3	0	0	19

(a) [R]主报告

	In-Degree	Out-Degree
John	10	5
Thomas	4	4
Anna	1	4
James	0	4
Peter	2	3
Mary	5	4
Michael	4	3
David	9	4

(b) [T]度

	Node Type
John	Ordinary
Thomas	Ordinary
Anna	Ordinary
James	Transmitter
Peter	Ordinary
Mary	Ordinary
Michael	Ordinary
David	Ordinary

(c) [T]节点类型

图 8.1　度

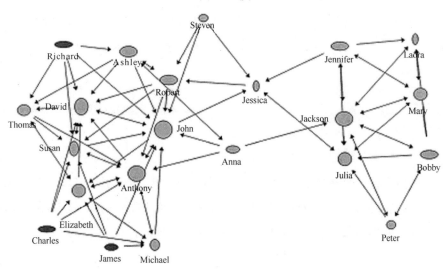

图 8.2　[M]弹簧映射图

2. 度中心性

通过"Analyze>Centrality>Degree"，单模式网络交互的度中心性分析结果显示[R]主报告、[T]度中心向量、[M]弹簧、[M]同心。在[R]主报告中，提供了度中心性得分和网络集中性因子[见图 8.3（a）]。集中化的结果可以在[M]

同心内进行验证。如果集中性关注的是单个节点，则集中化关注整个网络，因此可以确定网络流是否集中到单个节点。换句话说，如果少数节点存在于同心内部，则可认为集中性较低[见图 8.3（d）]。在度中心性结果中，[T]度中心向量可以添加为节点属性[见图 8.3（b），"Mouse right button>Add To Workfile>Node Attribute"]。基于 Kamada 和 Kawai 算法的[M]弹簧图显示度中心性的可视化结果，其中，当中心值变大时节点尺寸也会变大[见图 8.3（c）]。在过程控制面板的[Inspect]选项卡中，可以选择入度或出度中心性，且节点尺寸可以根据节点方向变化。

DISTRIBUTION OF DEGREE CENTRALITY SCORES

MEASURES	VALUE	
	In-Degree Centrality	Out-Degree Centrality
MEAN	0.193	0.193
STD.DEV.	0.137	0.046
MIN.	0	0.095
MAX.	0.476	0.238

NETWORK DEGREE CENTRALIZATION INDEX
29.705% (IN), 4.762% (OUT)

(a) [R]主报告

	1	2
	In-Degree Centrality	Out-Degree Centrality
John	0.476190	0.238095
Thomas	0.190476	0.190476
Anna	0.047619	0.190476
James	0.000000	0.190476
Peter	0.095238	0.142857
Mary	0.238095	0.190476
Michael	0.190476	0.142857
David	0.428571	0.190476
Anthony	0.380952	0.238095
Bobby	0.095238	0.238095

(b) [T]度中心向量

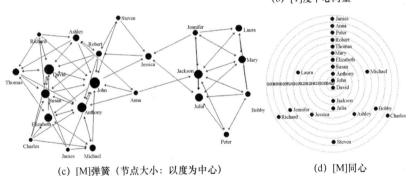

(c) [M]弹簧（节点大小：以度为中心）　　　　(d) [M]同心

图 8.3　度中心性

3．接近中心性

基于节点之间测地距离的网络接近中心性，可以通过"Analyze>Centrality>Closeness"来分析。通过预处理，单模式（one-mode）网络在分析中处于优先地位，它被分为两个部分。在主过程中从[Unreachable Handling]中选择[Ignore

Unreachable]选项。接近中心性不能取自无关的网络，因此在这种情况下可以忽略无法连接的节点。然而，根据研究者的选择，无法连接的节点的距离可以设置网络内直径为 1，无法连接的节点可以反映到接近中心性（见图 8.4）。

DISTRIBUTION OF CLOSENESS CENTRALITY SCORES

MEASURES	VALUE	
	In-Closeness	Out-Closeness
MEAN	0.322	0.321
STD.DEV.	0.142	0.055
MIN.	0	0.214
MAX.	0.5	0.468

NETWORK CLOSENESS CENTRALIZATION INDEX
23.504% (IN), 31.424% (OUT)

(a) [R]主报告

	1	2
	In-Closeness	Out-Closeness
John	0.466667	0.376307
Thomas	0.350000	0.280519
Anna	0.287671	0.467532
James	0.000000	0.318342
Peter	0.287671	0.261501
Mary	0.333333	0.266010
Michael	0.333333	0.291105
David	0.456522	0.342857
Anthony	0.446809	0.314869
Bobby	0.287671	0.270677

(b) [T]接近中心向量

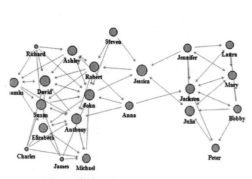

(c) [M]弹簧（节点大小：接近中心性）

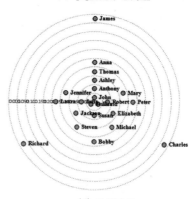

(d) [M]同心

图 8.4 接近中心性

4. 中介中心性

更频繁地出现在两个节点对中的节点具有非常高的核心价值。这种情况称为中介中心性["Analyze>Centrality>Betweenness（Node or Link）"]。因此，通过节点在其他节点间的测地线和最短路径之间出现的次数获得中介中心性。中心性不考虑权重，因此预处理的二分选择为默认选项，通过研究者的选择，无方向网络可对称化。例子分析是对称选择（见图 8.5）的结果。

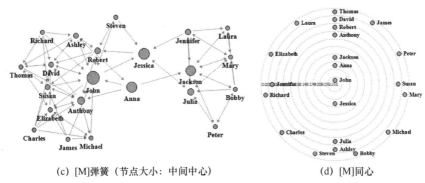

图 8.5　中介中心性

5．声望中心性（Prestige centrality）

Bonacich 提出的声望中心性分析也称为特征向量中心性，可以通过"Analyze>Centrality>Eigenvector"来处理。在预处理中，网络的对称化设置为默认值。结果产生[R]主报告、[T]特征向量中心向量、[T]反射/衍生/常数、[M]弹簧、[M]同心。这里，[T]反射/衍生/常数显示获得声望中心性的处理顺序。声望中心性由中心性组成，它是来自另一个节点的衍生部分，以及常数部分和反射部分（特征向量中心性=常数部分+衍生部分+发射部分）（见图 8.6）。

6．代理

如果属性存在，代理分析可以作为分区向量在单模式网络的主节点中执行（"Analyze>Position>Brokerage"）。单个节点在三元关系节点中的作用可以分为协调器、代表、守门人、巡回，或联络。在 01.Org_Net_Tiny1 的交互工作中，部门属性被作为分区向量并进行代理分析。经纪人分析的产品显示[R]主报告、

DISTRIBUTION OF EIGENVECTOR
CENTRALITY SCORES

MEASURES	VALUE
MEAN	0.167
STD.DEV.	0.132
MIN.	0.009
MAX.	0.466

(a) [R]主报告

	1
	Eigenvector Centrality
John	0.466209
Thomas	0.231480
Anna	0.128138
James	0.132374
Peter	0.009127
Mary	0.015518
Michael	0.187740
David	0.399185
Anthony	0.313707
Bobby	0.010869

(b) [T]特征向量中心向量

	1	2	3
	Reflected Part	Derived Part	Constant Part
John	0.074459	0.261483	0.131078
Thomas	0.020104	0.080826	0.131078
Anna	0.002335	-0.005182	0.131078
James	0.005232	-0.003653	0.131078
Peter	0.019928	-0.142624	0.131078
Mary	0.026678	-0.143233	0.131078
Michael	0.015772	0.041297	0.131078
David	0.064132	0.204837	0.131078
Anthony	0.033978	0.149278	0.131078
Bobby	0.024285	-0.145394	0.131078

(c) [T]反射/导出/常数

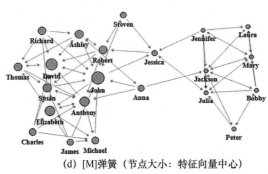

(d) [M]弹簧（节点大小：特征向量中心）

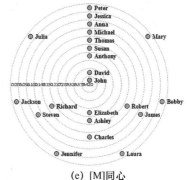

(e) [M]同心

图 8.6 声望中心性

[T]经纪、[M]集群、[M]同心[见图 8.7（d）]。在[R]主报告中，每个代理节点不同角色的特征指数（平均值、标准差、最小值，最大值）如图[见图 8.7（a）]所示。在[T]中显示了每个节点的代理角色类型编码。例如，John 隶属于财务部门，但是在三元关系中作为流动角色 13 次和作为联络角色 21 次[见图 8.7（b）]。在[M]集群中，聚类图按照部门划分，被选为分区矢量（G1：财务；G2：销售；G3：营销）。聚类图是根据 Clustered-Eades 算法形成的，并且节点越大协调器值越高[见图 8.7（c）]。如果研究者希望根据角色值改变节点大小，可以从过程控制面板的[Inspect]选项卡中选择角色。

MEASURES	VALUE					
	COORDINATOR	GATEKEEPER	REPRESEN.	ITINERANT	LIAISON	TOTAL
MEAN	4.045	0.955	0.591	0.591	1.091	7.273
STD.DEV.	4.446	1.988	1.03	2.708	4.358	8.131
MIN.	0	0	0	0	0	0
MAX.	12	8	3	13	21	34

(a) [R]主报告

	1	2	3	4	5	6	7
	Partition Value	Coordinator	Gatekeeper	Representative	Itinerant	Liaison	Total
John	Finance	0	0	0	13	21	34
Thomas	Marketing	8	0	0	0	0	8
Anna	Marketing	1	0	1	0	0	2
James	Marketing	0	0	0	0	0	0
Peter	Sales	0	0	0	0	0	0
Mary	Sales	5	0	0	0	0	5
Michael	Marketing	1	0	2	0	0	3
David	Marketing	11	3	3	0	0	17
Anthony	Marketing	12	2	3	0	0	17
Bobby	Sales	2	0	0	0	0	2

(b) [T]经纪

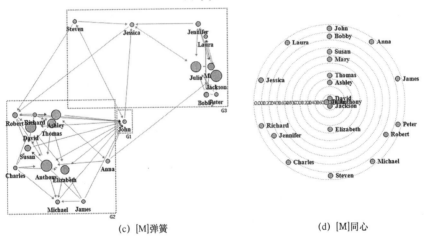

(c) [M]弹簧　　　　　　　　　　(d) [M]同心

图 8.7　代理

8.1.2　黏性子组

1. 组件

组件是节点的子图，在网络内可以被连接，并通过有方向的强分量或非方向的弱分量分离。通过 " Analyze>Cohesion>Component " 选择单模式网络 01.Org_Net_Tiny1，[Minimum size of Component]为 2，并且可以选择[Component

Type]作为弱组件。组件的结果显示[R]主报告、[T]组件分区矢量、[M]集群。[R]主报告包含组件的数量、特性及节点的标签属于该组件。借助[T]组件分区矢量的[T]组件，研究者可以验证包含节点的哪些组件（见图8.8）。

(a) 输入数据和主过程

 # OF COMPONENTS
2

MEMBERS OF COMPONENTS

COMPONENTS	MEMBERS
C1	John,Thomas,Michael,David,James,Anthony,Robert,Susan,Ashley,Richard,Elizabeth
C2	Laura,Jackson

SUBGROUP DETAILS

COMPONENTS	SIZE	PERCENT	DENSITY
C1	11	50%	0.209
C2	2	9.091%	0.5

(b) [R]主报告

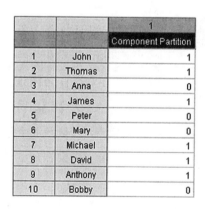

(c) [T]组件分区矢量

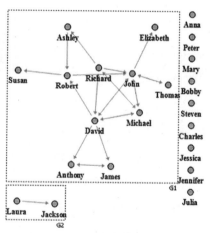

(d) [M]集群

图 8.8　组件

2. 社区

社区分析可以由中间性或模块化方法来完成["Analyze>Cohesion>Community>Betweenness（or Modularity）"]。如果使用模块化方法，将网络划分为多个社区最佳值的方法将被提供[见图 8.9（a）]，结果生成[R]主报告、[T]社区分区、[M]集群。在[T]社区分区中，社区的数量、模块化和每个节点所属的社区如图 8.9（b）所示。通过模块化方法，01.Org_Net_Tiny1 的交互单模式网络分为三个社区。可以使用鼠标右键将社区分区的结果保存为主节点的属性（">Add To Workfile"）。

BEST MODULARITY 0.386

(a) [R]Main

# of Communities	3
Step #	20
Modularity	0.385947
John	3
Thomas	2
Anna	3
James	
Peter	1
Mary	1
Michael	2

(b) [T]社区分区

图 8.9　模块性（社区）

如果应用中间值方法，将由最佳切割值来决定划分网络的最佳社区数量。在 NetMiner 中根据最佳切割得分划分社区，提供四个级别（如果得分＜1.25，为不良；如果 1.25≤得分＜2.75，为正常；如果 2.75≤得分＜3.5，为良好；如果 3.5≤得分，为优秀）。根据这个标准，建议分为两个社区，但研究者可以根据研究目的，参考社区得分控制社区数量。[T]社区群集矩阵也可以通过使用鼠标右键保存为主节点的属性[见图 8.10（a）]。利用中间性方法的结果包含[R] 主报告、[T]社区群集矩阵、[T]置换向量、[C]树状图、[M]集群[见图 8.10（c）和图 8.10（d）]。 [T]置换向量显示树状图中的节点序列[见图 8.10（b）]。例如，安娜和詹姆斯出现在第一和第二个树状图中对应于置换矢量 1 和 2。

3．团体

团体是网络中的一个子组，其中有三个或更多节点完全连接。网络中的团体可以重叠。分析可以通过"Analyze>Cohesion>Clique"进行，在[Main process]中可以指定[Minimum size of Clique]。可以应用 Peamc 和 Basic 算法，其中分析主题网络是随机网络，如果聚类系数低，处理速度将比基本算法慢。这里，01.Org_Net_Tiny1 单模式网络工作交互的团体分析最小尺寸为 5。分析结果为[R]主报告、[T]集约矩阵、[M]弹簧。[R]主报告的内聚指数是将团体的内部链路数除以团体的外部链接数所获得的值。[T]集约矩阵显示该节点隶属于哪个团体。使用[M]弹簧的过程控制面板中的[Inspect]选项卡，团体的节点关系可以直观地验证[见图 8.11]。

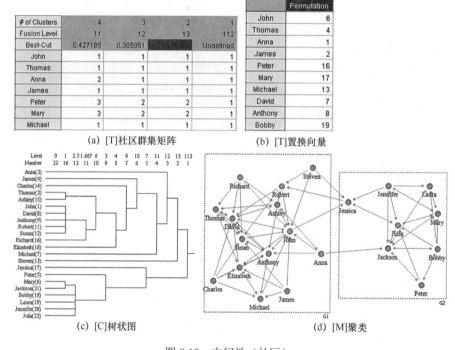

(a) [T]社区群集矩阵　　　　(b) [T]置换向量

(c) [C]树状图　　　　(d) [M]聚类

图 8.10　中间性（社区）

n-团体没有典型团体标准严格，研究者可以指定节点之间的最大距离。因此，节点连接的距离小于研究员指定的距离，即可绑在一个团体中。通过选择 01.Org_Net_Tiny1 的工作交互并选择"Analyze>Cohesion>n-Clique"，[Main Process]的[Maximum Distance（n）]取 3，团块分析执行结果如图 8.12 所示。n-clan（"Analyze>Cohesion> n-Clan"）和 k-plex（"Analyze>Cohesion>

k-plex"）能通过类似的方式获取结果。

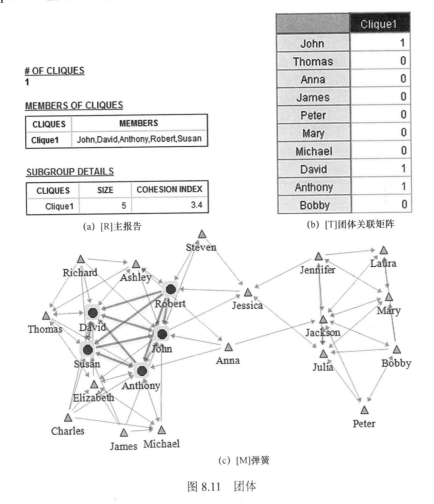

	Clique1
John	1
Thomas	0
Anna	0
James	0
Peter	0
Mary	0
Michael	0
David	1
Anthony	1
Bobby	0

OF CLIQUES
1

MEMBERS OF CLIQUES

CLIQUES	MEMBERS
Clique1	John,David,Anthony,Robert,Susan

SUBGROUP DETAILS

CLIQUES	SIZE	COHESION INDEX
Clique1	5	3.4

(a) [R]主报告

(b) [T]团体关联矩阵

(c) [M]弹簧

图 8.11　团体

4．k-核心

k-核心分析的每个节点至少连接到 *k* 节点数。换句话说，k-核心分析中的更高的 *k* 节点表明子组节点之间更强的关系（"Analyze>Cohesion> k-Core"）。在分析结果中提供了[R]主报告，允许根据核心性来验证节点的数量。 因此，有 8 个节点连接到 5 个其他节点和 22 个节点连接到 3 个其他节点。在[T] k-核心隶属矩阵表中，属于 k-核心的节点被赋予 1，否则为 0，并且使用鼠标右键即可添加主节点的属性。当外围节点被去除后，为保证进行分析，通常使用 k-核心（见图 8.13）。

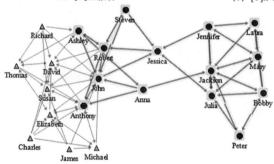

OF N-CLIQUES
3

MEMBERS OF N-CLIQUES

N-CLIQUES	MEMBERS
n-Clique1	John,Anna,Anthony,Robert,Steven,Ashley,Jessica,Jackson,Jennifer,Julia,James,Susan,Richard,Michael,Elizabeth,David
n-Clique2	John,Anna,Anthony,Robert,Steven,Ashley,Jessica,Jackson,Jennifer,Julia,Peter,Mary,Laura,Bobby
n-Clique3	John,Anna,Anthony,Robert,Steven,Ashley,Jessica,Jackson,Charles,James,Susan,Richard,Michael,Elizabeth,Thomas,David

SUBGROUP DETAILS

N-CLIQUES	SIZE	DENSITY	COHESION INDEX
n-Clique1	16	0.342	1.64
n-Clique2	14	0.352	2.317
n-Clique3	16	0.392	4.7

(a) [R]主报告

	n-Clique1	n-Clique2	n-Clique3
John	1	1	1
Thomas	0	0	1
Anna	1	1	1
James	1	0	1
Peter	0	1	0
Mary	0	1	0
Michael	1	0	1
David	1	0	1
Anthony	1	1	1
Bobby	0	1	0

(b) [T]n-Clique隶属矩阵

(c) [M]弹簧（n-clique 2）

图 8.12　n-团体

K-CORE

CORENESS	# OF NODES	# OF COMPONENT
5	8	1
4	20	1
3	22	1

(a) [R]主报告

	5-Core	4-Core	3-Core
John	1	1	1
Thomas	1	1	1
Anna	0	1	1
James	0	1	1
Peter	0	0	1
Mary	0	1	1
Michael	0	1	1
David	1	1	1
Anthony	1	1	1
Bobby	0	1	1

(b) [T]k-核心隶属矩阵

图 8.13　k-核心

8.2 连通性和等同性

8.2.1 连通性

1．连接

节点（链路）连接用于分析网络内的节点（链路）的连接性强弱，它用来分析使两个节点断开连接时需要删除的最少的节点（链路）的数量。可以通过"Analyze>Connection>Connectivity>Node（Link）"进行分析，产生[R]主报告、[T]节点（链路）连接矩阵、[M]弹簧。这里，节点连接性分析是在单模式网络上进行的，02.Org/_Net_Tiny2。[T]节点（链路）内每个单元的连接矩阵描述的是使节点对的连接不断开所需要的必要的节点（链路）数量。通过过程控制面板[Inspect]选项卡使用[M]弹簧，节点之间的连接性可以直观地可视化（见图8.14）。

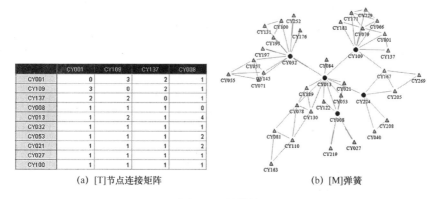

	CY001	CY109	CY137	CY008
CY001	0	3	2	1
CY109	3	0	2	1
CY137	2	2	0	1
CY008	1	1	1	0
CY013	1	2	1	4
CY032	1	1	1	1
CY053	1	1	1	2
CY021	1	1	1	2
CY027	1	1	1	1
CY100	1	1	1	1

(a) [T]节点连接矩阵　　　　　　　　(b) [M]弹簧

图 8.14　连接性

2．互惠和传递

互惠和传递性可以通过二元普查和三元普查["Analyze>Subgraph>Dyad Census（Triad Census）"]确认。图 8.15（a）显示了应用在 02.Org_Net_Tiny2

上的二元（三元组）普查的结果。在二元普查中，＃交互（节点对在两个方向连接），＃非对称（节点对连接在一个方向），＃Null（未连接的节点对）验证，互易性分数可以通过[＃交互/（＃交互 +＃非对称）]计算。三元普查结果如图 8.15（b）所示。结果显示对应于 16 个三元组同构类的网络数量。传递性分数通过[＃传递三元组/（＃传递三元组+＃互易三元组）]计算。互惠和传递的分数也可以通过网络属性验证。

TRIAD CENSUS

	Observed
003	6,960
012	1,847
102	135
021D	9
021U	123
021C	29
111D	2
111U	5
030T	24
030C	0
201	0
120D	0
120U	4
120C	0
210	1
300	0

DYAD CENSUS

	Observed
# Mutuals	4
# Asymmetrics	61
# Nulls	676

(a) Dyad 人口普查　　　(b) 三合一人口普查

图 8.15　互惠和传递性

3．分类

对具有相似属性的节点之间的连接进行分类检查。换句话说，节点与另一个节点相连具有高连接度会导致更高的分类性得分。如果具有较高连接度的节点与具有较低连接度的节点连接，分类性分数变低。分类性分数在–1 和 1 之间，如果值接近 1 则具有正相似度，如果值更接近–1，则具有负相似度。接近 0 的值表示低相似度。通过"Analyze>Neighbor>Assortativity menu"，分类分析在 02.Org_Net_Tiny2 执行。在[Input]中，属性向量被分别分配度[见图 8.16（a），（c）]和团队[见图 8.16（b），（d）]、[R]主报告和[T]分类结果。[T]分类结果显示节点对的属性值。

4．网络属性

使用单个分析可以验证网络的各种特性（"Analyze>Properties>Network> Multiple"）。这里，02.Org_Net_Tiny2 的单模式网络属性被验证。在图 8.17 的结果中，从[Output]选项中选择输出"列表>维度（行*列*表）>测量*含义*网络"。

RESULT OF AUTOCORRELATION ASSORTATIVITY	
Observed	
	-0.261

(a) [R]Main-Degree

RESULT OF AUTOCORRELATION ASSORTATIVITY	
Observed	
	0.725

(b) [R]Main-Team

	Source	Target
CY001,CY109	3	9
CY001,CY137	3	2
CY001,CY079	3	5
CY109,CY001	9	3
CY109,CY137	9	2
CY109,CY013	9	11
CY109,CY066	9	4
CY109,CY079	9	5
CY109,CY181	9	2
CY109,CY167	9	4

(c) [T]分类-度

	Source	Target
CY001,CY109	Sales	Sales
CY001,CY137	Sales	Sales
CY001,CY079	Sales	Sales
CY109,CY001	Sales	Sales
CY109,CY137	Sales	Sales
CY109,CY013	Sales	Department Manager
CY109,CY066	Sales	Sales
CY109,CY079	Sales	Sales
CY109,CY181	Sales	Sales
CY109,CY167	Sales	Management

(d) [T]分类-团队

图 8.16　分类

	Observed
# of Links : O(m)	69.000
Density : O(m)	0.047
Average Degree : O(m)	1.769
# of Components(Weak) : O(m)	1.000
# of Components(Strong) : O(m)	35.000
Inclusiveness : O(m)	1.000
Reciprocity(Arc) : O(m)	0.116
Reciprocity(Dyad) : O(m)	0.062
Transitivity : O(nm)	0.486
Clustering Coefficient : O(n^3)	0.707
Mean Distance : O(nm)	1.362
Diameter : O(nm)	3.000
Node Connectivity : O(n^2*m)	0.000
Link Connectivity : O(n^2*m)	0.000
Connectedness : O(m)	0.007
Efficiency : O(m)	0.979
Hierarchy : O(nm)	0.950
LUB O(n^3)	0.101

图 8.17　网络属性

8.2.2 等价性

1. 结构等价

通过轮廓分析或迭代相关收敛（CONCOR）方法进行结构等价性分析。轮廓分析可以通过"Analyze>Equivalence>Structural>Profile"执行，其中在[Main process]中，测量指数选择[Direction]、[Diagonal Handling Option]、[Proximity Measure]。[Clustering Methods]可以在[Post-process]中选择。可能选择的选项为"Single、Complete、Average、Ward method"。"Single"是通过计算隶属于独立簇的节点间的最近距离计算两个簇之间距离的方法，"Complete"是通过计算隶属于独立簇节点间的最远距离计算两个簇之间距离的方法。"Average"是一种计算集群间距离的方法，"Ward method"计算集群的同质性。这里，02.Org_Net_Tinly2 被分配为单模式网络，其中[Direction]为进出，[Diagonal Handling Option]为保留，[Proximity Measure]是欧几里得距离。选择"Ward method"作为[Post-process]中的[Clustering Menthods]。轮廓分析的结果包括[R]主报告、[T]概括矩阵、[T]轮廓簇矩阵、[T]置换向量、[C]树形图、[M]MDS（多维缩放）。结构节点的等价分数显示在[T]轮廓矩阵[见图 8.18（a）]中。[Proximity Measure]用欧几里得距离测量，每个单元格得分对应于节点之间的欧几里得距离。因此，如果每个节点彼此等效，则分数将接近 0，如果不等效，分数将增加。通过[T]配置集群矩阵，可以找到最佳集群和两个节点属于一个群，表明节点是结构等效的。

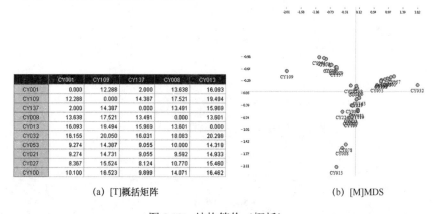

	CY001	CY109	CY137	CY008	CY013
CY001	0.000	12.288	2.000	13.638	16.093
CY109	12.288	0.000	14.387	17.521	19.494
CY137	2.000	14.387	0.000	13.491	15.969
CY008	13.638	17.521	13.491	0.000	13.601
CY013	16.093	19.494	15.969	13.601	0.000
CY032	16.155	20.050	16.031	18.083	20.298
CY053	9.274	14.387	9.055	10.000	14.318
CY021	9.274	14.731	9.055	9.592	14.933
CY027	8.367	15.524	8.124	10.770	15.460
CY100	10.100	16.523	9.899	14.071	16.462

(a) [T]概括矩阵　　　　　　　　　(b) [M]MDS

图 8.18　结构等价（概括）

每个节点之间的相似性和不相似性反映在[M]MDS 中，并被安排为最优满足节点之间的关系[见图 8.18（b）]。在过程控制面板的[显示]选项卡中，可以选择与选项 [M] MDS 相关的相似和不相似性，其中节点之间较短的欧几里得距离表示更近的相似性。欧几里得距离接近 0 等价于选择不相似选项。因此，靠近[M] MDS 的节点被认为是等价的。

CONCOR 通过相关识别结构等价，它通过 "Analyze>Equivalence>Structural>CONCOR" 来执行。基本计算方法是重复计算直到相关原始矩阵的行和列的得分是+1 或−1。对具有高相关性的节点进行分组，节点被划分为相同的组则可以假定它们在结构上等价。在[Main process]中，必须选择[Direction]、[# of Iterations]、[Maximum Depth of Split]、[Diagonal Handling Option]、[Convergence Criteria]选项。这里，[Maximum Depth of Split]是设置聚类图和树形图深度的选项，如果相关变化绝对值小于收敛标准，则[Convergence Criteria]选项将通过设置标准值关闭算术运算。默认值设为 0.1。CONCOR 的结果类似于轮廓并且包括[R]主报告、[T] CONCOR 矩阵、[T] CONCOR 群集矩阵、[T]置换向量、[C]树状图、[M] MDS（见图 8.19）。

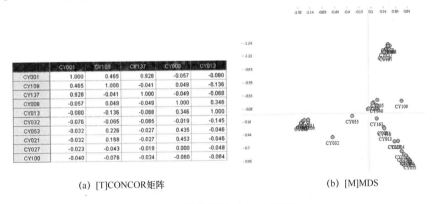

(a) [T]CONCOR矩阵   (b) [M]MDS

图 8.19　结构等价（CONCOR）

2．角色等价

检查角色等价，可以使用三元组和本地方法。首先，用于分析的网络采用二分法后，通过所有节点的三元关系模式的欧氏距离计算等价性，如果节点

i 与其他节点的连接方法和节点 j 与其他节点的连接方法类似，本地认为节点是等价的。可以通过选择"Analyze>Equivalence>Role>Friad（or Local）"来获得角色等价。结果包括[R]主报告、[T]角色矩阵、[T]角色簇矩阵、[T]置换向量、[C]树状图、[M]MDS。图 8.20 显示了三元分析结果的等价作用[见图 8.20（a）]和局部分析结果[见图 8.20（b）]矩阵。角色矩阵中接近 0 的值表示等价关系。

	CY001	CY109	CY137	CY008	CY013
CY001	0.000	0.340	0.117	0.192	0.433
CY109	0.340	0.000	0.444	0.149	0.107
CY137	0.117	0.444	0.000	0.298	0.537
CY008	0.192	0.149	0.298	0.000	0.246
CY013	0.433	0.107	0.537	0.246	0.000
CY032	0.392	0.056	0.495	0.202	0.069
CY053	0.118	0.447	0.015	0.301	0.541
CY021	0.118	0.447	0.015	0.301	0.541
CY027	0.131	0.470	0.064	0.323	0.562
CY100	0.007	0.335	0.122	0.187	0.428

(a) [T]三元组角色矩阵

	CY001	CY109	CY137	CY008	CY013
CY001	0.000	1.000	1.000	1.000	2.000
CY109	1.000	0.000	2.000	0.000	1.000
CY137	1.000	2.000	0.000	2.000	4.000
CY008	1.000	0.000	2.000	0.000	1.000
CY013	2.000	1.000	4.000	1.000	0.000
CY032	1.000	0.000	2.000	0.000	1.000
CY053	2.000	1.000	1.000	1.000	3.000
CY021	2.000	1.000	1.000	1.000	3.000
CY027	0.000	1.000	1.000	1.000	2.000
CY100	0.000	1.000	1.000	1.000	2.000

(b) [T]本地角色矩阵

图 8.20　角色等价

3. 常规等价性

常规等价性分析 REGGE（"Analyze>Equivalence>Regular>REGGE"）和 CatRE（"Analyze>Equivalence>Regular>CatRE"）。REGGE 方法适合有方向的数据，CatRE 通过复用矩阵获得等效组。根据 SimRank 相似节点推荐的节点处于类似的状态，并且可以假定为等价的（"Analyze>Equivalence>Sim Rank"）。在 SimRank 分析中，[Direction]、[＃of Iterations]]、[Dampening Parameter]必须在[Main process]中定义。[Direction]指示要分析的网络的入或出方向，[Dampening Parameter]设置为默认值 0.8。在 SimRank 中，节点对从相同的值开始并被连续计算，从而在每个步骤产生新值。基本值[Dampening Parameter]是计算开始之前的基本值（见图 8.21）。

4. 块建模

块建模是结构等价的节点的分组。因此，在主节点集中，参考向量必须根据属性之一设置为分组，它使块建模成为可能["Analyze>Position>Blockmodel（Conventional）"]。通过适应性指数的好坏，研究者可以验证[Main process]中块模型的适当性。NetMiner 提供的适应性指数包括城市街区（密度）、最大、卡方统计、城市块（邻接）、匹配系数、矩阵相关、同一性系数。接下来，在

[Main process]中，通过选择二分图来创建包含组之间链接摘要的图像矩阵。通过[Post-process]中的[Role Typology Threshold]可以配置用于区分组角色的阈值。在 NetMiner 中，组的角色类型可以根据表 8.1 进行分类。

	CY001	CY109	CY137	CY008	CY013
CY001	1.000	0.742	0.651	0.849	0.595
CY109	0.742	1.000	0.221	0.874	0.863
CY137	0.651	0.221	1.000	0.308	0.000
CY008	0.849	0.874	0.308	1.000	0.709
CY013	0.595	0.863	0.000	0.709	1.000
CY032	0.737	0.892	0.135	0.900	0.870
CY053	0.639	0.244	0.905	0.340	0.000
CY021	0.633	0.220	0.899	0.307	0.000
CY027	0.562	0.149	0.894	0.215	0.000
CY100	0.866	0.817	0.487	0.941	0.647

(a)　[T]REGGE矩阵

	CY001	CY109	CY137	CY008	CY013
CY001	3	1	1	1	1
CY109	1	3	1	2	1
CY137	1	1	3	1	1
CY008	1	2	1	3	1
CY013	1	1	1	1	3
CY032	1	1	1	1	1
CY053	1	1	2	1	1
CY021	1	1	2	1	1
CY027	1	1	1	1	1
CY100	1	1	1	1	1

(b)　[T]CatRE矩阵

	CY001	CY109	CY137	CY008	CY013
CY001	1.000	0.105	0.000	0.000	0.008
CY109	0.105	1.000	0.000	0.000	0.006
CY137	0.000	0.000	1.000	0.000	0.000
CY008	0.000	0.000	0.000	1.000	0.044
CY013	0.008	0.006	0.000	0.044	1.000
CY032	0.000	0.000	0.000	0.000	0.003
CY053	0.000	0.000	0.000	0.000	0.000
CY021	0.000	0.000	0.000	0.000	0.000
CY027	0.000	0.000	0.000	0.000	0.000
CY100	0.000	0.000	0.000	0.000	0.000

(c)　[T]SimRank等价矩阵（方向：in，衰减参数：0.8）

图 8.21　规则等价

表 8.1　组的角色类型

按组发送连接的比例	按组接收连接的比例	组内连接的比例	
		≥期望值	≤期望值
>0	>0	主要位置	经纪人
	≤0	低地位	奉承者
≤0	>0	高地位	位高者
	≤0	孤立团体	孤立者

块建模的结果包括[R]主报告、[T]图形块矩阵、[T]块密度矩阵、[T]块总和矩阵、[T]块节点关联矩阵、[T]＃节点、[T]块角色类型、[M]集群。对 02.Org_Net_Tiny2 中的信任网络进行分析，其中节点属性在[Select Vector]中配置，城市块（密度）在[Goodness of Fit Index]中配置。[T]块图形矩阵的块建模结果是二分法后的[T]块密度矩阵，其中当密度大于 0 时，选项（默认）设置为 1，当密度值小于 0 时，选项值设置为 0[见图 8.22（a）]。[T]块总和矩阵是

由块组成的单模式网络，其中每个单元描述共享两个块的链接数。如果在[Preprocess]中没有选择二分法选项，则每个单元中的数量是链接权重的总和[见图 8.22（b）]。[T]块密度矩阵中的值是归一化的链接数[见图 8.22（c）]。在[T]块节点关联矩阵中，研究者可以识别哪个节点属于哪个块[见图 8.22（d）]。[T]节点描述每个块的节点数[见图 8.22（e）]，[T]块角色类型学显示了组的角色类型[见图 8.22（f）]，[M]集群通过组来表示块，块和节点之间的关系可以进行视觉验证[见图 8.22（g）]。

	Department Manager	Finance	HR	Management	Marketing	Sales
Department Manager	0	0	0	0	0	0
Finance	1	1	0	0	0	0
HR	1	0	1	0	0	0
Management	1	0	0	1	0	0
Marketing	1	0	0	0	1	0
Sales	1	0	0	0	0	1

(a) [T]块图像矩阵

	Department Manager	Finance	HR	Management	Marketing	Sales
Department Manager	0.000	0.000	0.000	0.000	0.000	0.000
Finance	1.000	17.000	0.000	0.000	0.000	0.000
HR	5.000	0.000	5.000	0.000	0.000	0.000
Management	1.000	0.000	0.000	8.000	0.000	1.000
Marketing	3.000	0.000	0.000	0.000	11.000	0.000
Sales	1.000	0.000	0.000	0.000	0.000	16.000

(b) [T]块总和矩阵

	Department Manager	Finance	HR	Management	Marketing	Sales
Department Manager	0.000	0.000	0.000	0.000	0.000	0.000
Finance	0.091	0.155	0.000	0.000	0.000	0.000
HR	0.714	0.000	0.119	0.000	0.000	0.000
Management	0.167	0.000	0.000	0.267	0.000	0.021
Marketing	0.500	0.000	0.000	0.000	0.367	0.000
Sales	0.125	0.000	0.000	0.000	0.000	0.286

(c) [T]块密度矩阵

	CY001	CY109	CY137	CY008	CY013
Department Manager	0	0	0	0	1
Finance	0	0	0	0	0
HR	0	0	0	1	0
Management	0	0	0	0	0
Marketing	0	0	0	0	0
Sales	1	1	1	0	0

(d) [T]块节点关联矩阵

图 8.22　块等价

	# Nodes
Department Manager	1
Finance	11
HR	7
Management	6
Marketing	6
Sales	8

(e) [T]节点

	Block Role Typology Vector
Department Manager	Snob
Finance	Low Status Clique
HR	Low Status Clique
Management	Low Status Clique
Marketing	Low Status Clique
Sales	Primary Position

(f) [T]块角色类型学

(G1: Department Manager,
G2: Finance,
G3: HR,
G4: Management,
G5: Marketing,
G6: Sales)

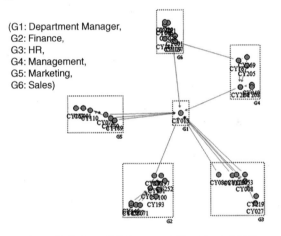

(g) [M]集群（G1：经纪人；G2：金融；G3：人力资源；

G4：管理；G5：营销；G6：销售）

图 8.22　块等价（续）

8.3 可视化和探索性分析

8.3.1 可视化

1. 可视化地图的样式

网络的可视化使得网络结构很容易被理解。因此，不仅要选择一个更好的表达网络结构的可视化算法，也有必要有效地使用节点和链接样式。节点和链接样式表示节点或链接的属性信息。节点和链接样式通过执行过程控制面板中的[Display]选项卡，执行"Node（Link）Style>Node（Link）Attribute Styling"，工具栏（节点和链接属性样式），"mouse right button>（multiple）node（Link）style"。颜色、形状、大小可以在节点样式和箭头中定义，方向、质量、颜色、线条样式可以在链接样式中定义（见图 8.23）。

2. 布局算法的详细设置选项

当数据较大时，首先在 2D 层（"Visualize>Layout"）中设置坐标，并保存为节点属性，然后通过绘图 2D（"Visualize>Drawing"）进行可视化。处理可视化后，详细设置选项可以使用过程控制面板中的[Display]选项卡设置（"Display>Node Layout>Node Layout Algorithm>Option"）。详细设置选项说明在表 8.2 中提供。

表 8.2 布局算法的设置项细节

设　置　项	描　　　述
α 振荡	α 振荡描述节点振动。因为节点可以连续振荡，所以节点运动（温度）值应该降低以减小幅度。α 振荡决定节点振荡的角度范围，其中节点的振动对应于温度的比率降低
α 旋转	由于节点可以连续旋转，因此应降低节点温度以减小旋转范围。α 旋转确定节点的旋转角度的范围，节点的旋转对应于温度的比率降低
衰减因子	当执行布局算法时，节点的位置每一步都改变，并且如果使用大的值作为衰减因子，则改变的程度随时间变小
聚类因子之间	在节点之间存在弹簧，并且通过该弹簧确定节点的位置。集群之间的因子是施加到集群上的弹簧的力，其中较小的值导致集群之间的距离变大

（续表）

设 置 项	描　　述
组件因素之间	施加在部件之间弹簧上的拉力乘以质量，该质量具有设置为 2 的默认分数，并且高于该值的值将进一步分离未连接部件之间的距离
冷却系数	应用于冷却系数的大值将减小节点位置随时间的移动程度
δ 振荡	它是具有运动性的节点的振荡运动中的角度值
δ 旋转	它是具有运动性的节点的旋转运动中的角度值
边长	在节点之间，基本上存在排斥力，但是与链路相连的节点将具有吸引力。具有较高的边缘长度值，排斥力在节点之间变得相对更强，并且来自链路的吸引力将变弱。另一方面，具有较低的边缘长度值，节点之间的排斥力变得较弱，并且来自链路的吸引力将变得更强
ε	在可视化的节点步骤中，如果所有节点的能量小于给定值，则假定节点坐标不再需要优化，并且算法的执行停止。虽然较小的 ε 值导致更好的视觉图像，但是算法的执行时间变得更长
外部集群因子	外部集群因子是在隶属于不同集群的节点之间施加弹簧的吸引力上乘以权重值，其中较小值对应于不同簇的连接节点之间增加的距离
最终温度	描述了算法结束点处的目标节点运动性
引力常量	每个节点重心的吸引力
内部集群因子	内部集群因子是与施加在相同聚类的节点之间的弹簧的吸引力相乘的权重，其中所使用的较高值对应于聚类内的节点更近
级别接近度（alpha）	在层次计算中使用的参数，其中较小的值对应于更多层次级别
电平间隙（像素）	确定集群之间的距离，其中单位是像素
最大值迭代	用于最大迭代的高值导致算法的执行时间更长，但是有更好的视觉图像
最高温度	节点的最大运动性值
最低层深度（测试版）	计算层次时使用的参数，其中较小的值对应于更多层次级别
自然长度系数	控制连接节点之间的基本距离的选项，其中默认分数为 1。小于 1 的值导致连接的节点之间的平均距离比使用默认分数时更近。大于 1 的值将导致平均距离大于使用默认分数时的平均距离
随机移动范围	当节点为了可视化而移动时的随机度的值
排斥系数	控制施加在未连接节点之间弹簧的排斥力的选项。默认分数配置为 1，高于默认分数的值将导致未连接节点之间的排斥力增加，并进一步分离未连接节点
开始温度	节点的初始活动性
超时限制	等待算法停止的时间，因此在设置之后时间算法停止

3. 图表

用于分析的图表包括饼图、矩阵图和面积条、箱形图、散点图、等高线图、表面图、网络等值线图、网络表面图。这里对 01.Org_Net_Tiny1 进行了分析。饼图可以用来表达主节点的属性（"Chart>Pie chart"）。矩阵图表示通过矩阵形式表达节点的连接关系，其中彩色单元表示节点之间链接的存在，并且颜色越深表示越大的链路权重（"Chart>Matrix Diagram"）。指定[Input]的[Permutation]使得能对矩阵图的节点进行分割，并且相同段的节点被放置在矩阵图的相邻位置（见图8.24）。

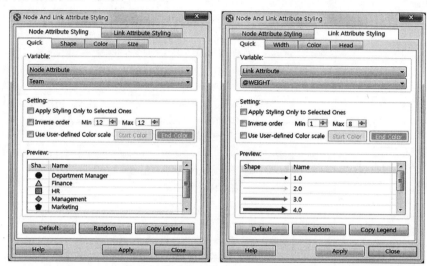

(a) 节点和链接属性样式

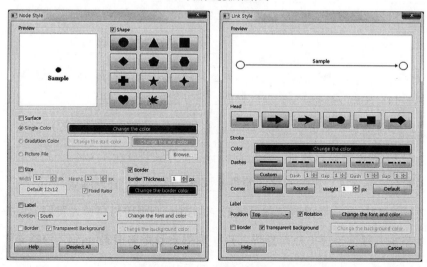

(b) 节点和链接样式（鼠标右键>（多个）节点（链接）样式）

图 8.23 节点和链接样式

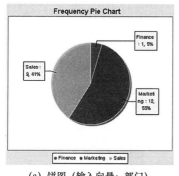

(a) 饼图（输入向量：部门）

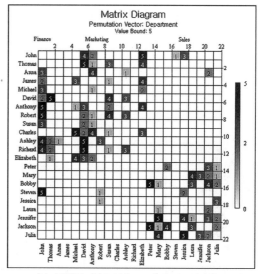

(b) 矩阵图（输入网络：工作交互，置换向量：部）

图 8.24　饼图和矩阵图

　　区域条是表示双模式网络的图表，主节点或子节点的图表可以通过一个垂直条（"Chart>Area Bar"）显示。箱形图将数据分为四分位数，最小值[下限=Q1−（Q3−Q1）]，第一个四分位数（Q1），中值，平均值，第三、四分位数（Q3），最大值[上限=Q3+（Q3−1）]，其中中心位置的分布、分散、离群等可以验证信息（"Chart>Box Plot"）。主节点属性，即因变量，可以选择成为独立变量的主节点属性。为此，因变量必须是通过间隔和比例尺可被测量的变量，且自变量必须是可测量的变量（见图 8.25）。

　　散点图通过在 X 和 Y 轴上打点来表示变量对（"Chart>Contour Plot"）。可以选择 X 轴和 Y 轴的主节点属性。回归用于等值线图且点的位置由回归确定。使用[Main process]中的[Fitting Method]，可以选择线性回归、二次回归或加权和。表面图方法可以表达 X、Y、Z 三维数据（"Chart>Surface Plot"）。通过回归确定每个表面，并通过 Z 轴分数确定颜色（见图 8.26）。

网络轮廓图和网络曲面图与表面图相似，但是在网络轮廓（表面）图中，X、Y 轴由单模式网络的可视化布局算法（Kamada 和 Kawai 算法）确定["Chart>Network Contour Plot（Network Surface Plot）"]（见图 8.27）。

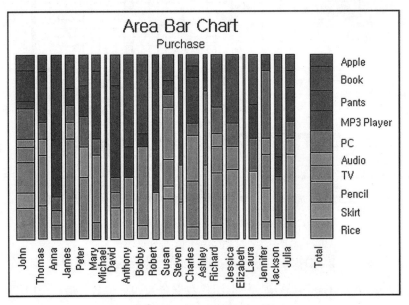

(a) 区域条形图（输入双模式网络：购买）

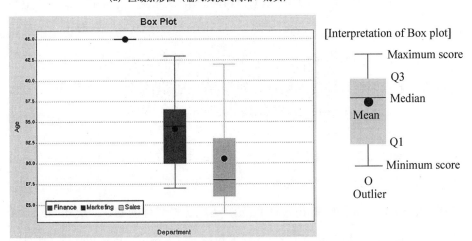

(b) 箱形图（因变量：年龄，自变量：部）

图 8.25　区域条形图和箱形图

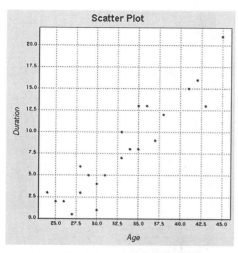

(a) 散点图（*X*轴：年龄；*Y*轴：持续时间）

(b) 等值线图（*X*轴：年龄；*Y*轴：持续时间；*Z*轴：作业排名；拟合方法：线性）

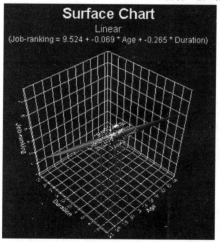

(c) 表面图（*X*轴：年龄；*Y*轴：持续时间；*Z*轴：作业排名；拟合方法：线性）

图 8.26　散点图、等值线图和平面图

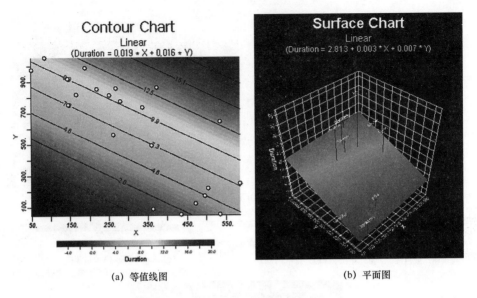

(a) 等值线图   (b) 平面图

图 8.27   网络轮廓图

8.3.2   双模式网络到单模式网络的变换

具有不同特性的双模式网络可以被转换为具有相同的特性的单模式网络，形成主节点的共同成员矩阵、子节点的重叠矩阵、主节点和子节点二分矩阵。选择要转换的双模式网络，选择"Transform>Mode> two-mode"，并配置[Main process]中的[Output Network]和[Proximity Measures]。这里，对 01.Org_Net_Tiny1 进行了双模式网络到单模式网络的变换，其中共同成员关系被指定为[Output Network]，而"Match>Jaccard Cofficient"被指定为[Proximity Measures]。

如果执行分析，在当前工作文件中的单模式网络变换可以通过对话框添加。双模式网络到单模式网络的变换结果包括[R]主报告、[T]共同成员关系（见图 8.28）。

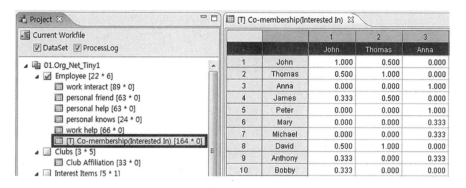

图 8.28　双模式网络到单模式网络的转换

可视化

社会网络分析的优势之一是可以直观地进行可视化。隐藏的结构关系可以通过可视化得到验证，也可以为分析方向提供更深的洞察。更重要的是，数值分析能提供更具说服力的结果。这也是我们会经常选择通过图表的形式来展现社会网络分析的原因。一般来说，如果数据分析的结果是通过图表的形式呈现出来的，则网络是采用了画图算法进行可视化的。网络分析的可视化考虑了节点之间的关系，在计算坐标后，会基于我们如何要求在网络地图上放置节点来选择特定的算法。

在以下钢铁产品分析中，选择了包含韩国、中国、日本、美国等国家的超过 1 万吨的贸易网络。采用不同的可视化算法对分析结果进行了可视化处理。

A.1 弹性算法

弹性算法（见图 A.1）是假设在节点之间存在虚拟的弹性。节点的放置位置是由节点之间的吸引力和排斥力决定的。当节点在图中分布完成后，相邻的节点会按照固定距离放置，这样能够减少可视化过程中重复或链路相交的次数。

1. Kamada and Kawai[1]

每个节点对有固定的距离，这个距离是由节点对的路径决定的。而路径是节点对正比于最短路径的位置。

2. 压力优化[2]

得到的结果与 Kamada and Kawai 相似，但是速度更快。

3. Eades[3]

每个节点的初始指标值是随机赋予的，其中相邻节点对会按照固定距离拉近，而不相邻的节点会放置较远。

4. Fruchterman and Reingold[4]

与 Eades 得到的结果相似，但运算速度会更快。同时，在表示节点间吸引力和排斥力上面会有区别。相邻节点会拉近，但不会离得过于靠近。

5. GEM（图嵌入）[5]

与得到的结果相似，但是对分析复杂的大规模数据更高效。相邻的节点会拉近但是不会重叠，也会最小化节点的单一方向特性。

6. HDE（高纬嵌入）[6]

结果图不会有太多细节和准确度，但是能提供大量网络数据的快速可视化结果。

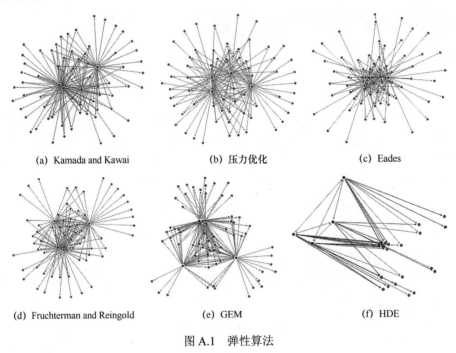

(a) Kamada and Kawai　　　　(b) 压力优化　　　　(c) Eades

(d) Fruchterman and Reingold　　　　(e) GEM　　　　(f) HDE

图 A.1　弹性算法

A.2 多维比例算法

多维比例算法（MDS）（见图 A.2）适用于所有相似或不同的节点对，也能最大程度地满足所有节点放置位置时的关系要求。

1．传统 MDS[7]

适用于区间尺度或比例尺度的数据，矩阵是归一化的，特征向量计算结果是每个节点的坐标值。

2．非度量 MDS[8]

适用于十进制的数据，采用了传统 MDS 中的坐标值。矩阵中的序列距离对应图中节点间的距离，并使用一个坐标值为每个节点值，这样能通过重复估计最优匹配的坐标值来减小压力。

3．Kn-MDS[9]

非度量 MDS 的一种，通过不同的方式采用了最小压力的条件。

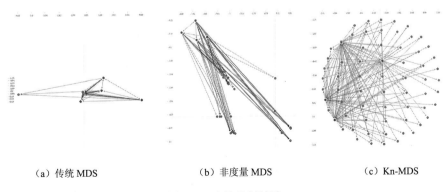

    （a）传统 MDS   （b）非度量 MDS   （c）Kn-MDS

图 A.2　多维比例算法

A.3 聚类算法

通过聚类算法（见图 A.3）展现出一群节点的结构需要用到弹簧算法，在该算法中，从属于一个群体的节点被归集在一起，不同群体的节点会被隔开。

1. Eades 群[10]

改良了的 Eades 群中，相同集群的节点被归集在一起，不同集群的节点各自分开。

2. Cola 群[3]

改良了的 Cola 群中，同样也是相同集群的节点被归集在一起，不同集群的节点各自分开。

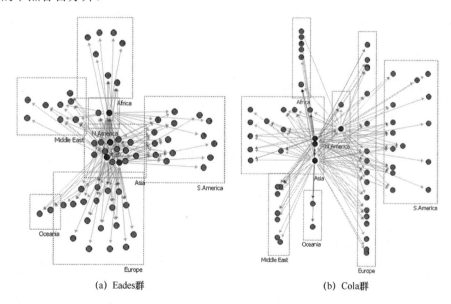

(a) Eades群　　　　　　　　　(b) Cola群

图 A.3　聚类算法

A.4　分层算法

分层算法（见图 A.4）是指将网络中的节点一个个堆叠起来，形成不同的层次[11]。每一层的算法叫作 Dig-CoLa 算法，它是将节点之间的不同等级的位置聚集起来，形成带等级层次的节点群。

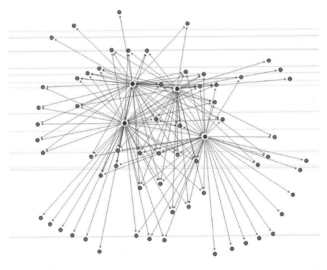

图 A.4　分层算法

A.5　圆弧算法

圆弧算法（见图 A.5）是将节点沿着圆周长按固定的距离按序排列，同时识别出网络中聚集在一起的节点及相对分离的节点，最终形成一个圆圈。

1．圆周[12]

每个节点都沿着圆周按预先设定的距离按序排列，相同特性的节点会被安排在相同的区域。

2．轴心[13]

群体中心度越高，其节点越会被安排在圆圈的中心位置；相反，中心度越低，节点会越偏离中心。

3．根基[1]

与中心理论相同，群体中心度越高，其节点越会被安排在圆圈的中心位置；相反，中心度越低，节点会越偏离中心。然而，根据 Kamada 和 Kawai 算法，每对节点都会依据最短路径进行等比例排列，使得根基与轴心算法不尽相同。

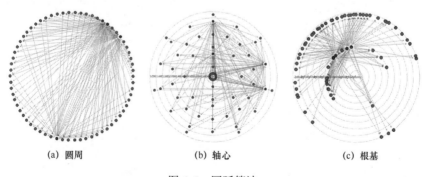

(a) 圆周　　　　　　　(b) 轴心　　　　　　　(c) 根基

图 A.5　圆弧算法

A.6 简单算法

简单算法（见图 A.6）就是将节点根据坐标值随机排列。

1. 固定算法[14]

研究人员根据预先设定的坐标值排列节点。

2. 随机算法[15]

节点完全随机排列。

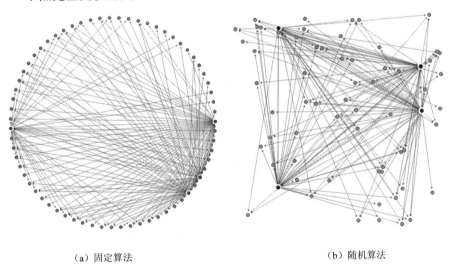

（a）固定算法   （b）随机算法

图 A.6 简单算法

参 考 文 献

1. Kamada, T., Kawai, S. (1989) An algorithm for drawing general undirected graphs.Information Processing Letters, 31(1), 7-15.

2. Gansner, E.R., Koren, Y., and North, S. (2004) Graph drawing: stress majorization, InPach, J. (Ed.), Graph Drawing, Lecture Notes in Computer Science, Vol. 3383, 239-250,Heidelberg: Springer.

3. Eades, P. (1984) A heuristic for graph drawing Congressus Numerantium 42, 149-160.4 Fruchterman, T.M.J. and Reingold, E.M. (1991), Graph drawing by force-directedplacement, Software-Practice and Experience, 21(11), 1129-1164.

5. Frick, A., Ludwig, A., and Mehldau, H. (1994) A fast adaptive layout algorithm for undirected graphs, In R. Tamassia and I.G. Tollis (Eds.), Proceedings of the DIMACS International Workshop on Graph Drawing (GD), Vol. 894, pp. 388-403, Springer-Verlag: Berlin.

6. Harel, D. and Koren, Y. (2004) Graph drawing by high-dimensional embedding, Journal of Graph Algorithms and Applications, 8(2), 195-214.

7. (a) Borg, I. and Groenen, P. (1997) Modern Multi-Dimensional Scaling: Theory and Applications, New York: Springer; (b) Gower, J.C. (1966) Some distance properties of latent root and vector methods used in multivariate analysis, Biometrika, 53, 325-328.

8. (a) Kruskal, J.B. (1964) Nonmetric multidimensional scaling: a numerical method Psychometrika, 29, 115-129; (b) Shepard, R.N. (1962) The analysis of proximities:multi-dimensional scaling with an unknown distance function, Psychometrika, 27,125-139.

9. Torgerson, W.S. (1952) Multi‐dimensional scaling: I. Theory and method, Psychometrika,17, 401-419.

10. Dwyer, T., Koren, Y., and Marriott, K. (2006) IPSEP-COLA; an incremental procedure for separation constraint layout of graphs, IEEE Transactions on Visualization and Computer Graphics, 12(5), 821-828.

11. Dwyer, T., Koren, Y., and Marriott, K. (2007) Constrained graph layout by stress majorization

and gradient projection, Discrete Mathematics, 309(7), 1895-1908.

12. Becker, M.Y. and Rojas, I. (2001) A graph layout algorithm for drawing metabolic pathways, Bioinformatics, 17 (5), 461-467.

13. Silverira, M. (2005) An Algorithm for the detection of multiple concentric circles, Pattern Recognition and Image Analysis, 3523, 271-278.

14. Kowalski, K. and Lev, B. (2014) A fast and simple branching algorithm for solving small scale fixed charge transportation problem, Operations Research Perspectives, 1(1), 1-5.

15. McGuffin, M.J. (2012) Simple algorithms for network visualization: a tutorial, Tsinghua Science and Technology, 17(4), 1-16.

案例研究：钢铁研究的知识结构

在日常生活中，我们或多或少都会接触到数据处理。国家把国家收入或经济增长率看得很重要，而企业则关注销售数据。研究人员在研究中处理数据和图表，学生的成绩是他们被大学录取的重要数据参考。在这个意义上，没有人的生活会完全脱离数据。

然而，如果我们只将目光聚焦在数据本身，我们将不能发现任何信息。尤其是在大数据时代，当各种各样的数据快速并且大量累积时。数据会以某种形式自己表明事实，但是如果我们仅盯着数据看，将发现不了这个事实。从这个意义上讲，数据就是事实。因此，我们需要分析数据以获得可用的信息。

我们的目标是通过分析现有的数据给研究员提供有用的信息。接下来，我们将尝试利用已发表在《国际钢铁研究》上的论文，做一个钢铁研究领域的"知识结构"分析。

通过这个分析，我们将尝试把到目前为止的钢铁研究系统化，并提供有用的钢铁工业领域学术发展指南。钢铁工业研究在学术和实践方面都取得了非常迅速的发展。在这个进程中，有没有一些独特的特征可以被发现？对于那些习惯于解释数据或有相关领域研究经验的人来说，通过看一些研究论文和图表，从中找出特征并不难。然而，对普通人来说，这可能只是一连串的图表和相似的数字。因此，我们需要一个方法从数据本身来找出这些特征，即事实本身。

我们称之为"大数据网络分析"。下面将介绍我们如何收集和分析数据的细节，发表在 2015 年 1 月的钢铁研究国际[1]。以下是理解钢铁行业的知识结构的方法。

第一步　收集数据：收集发表在《国际钢铁研究》上的文章的书目信息。这些信息包括学术文章、评论、案例研究、更正、书评、编辑指南等。在所有信息中，我们只保留学术文章、评论和案例研究，因为其他类型的信息对钢铁研究的知识结构没有直接影响。

第二步　提取数据：从收集的文章中提取关键字。这些关键词需要能反映文章的研究主题，因此可以从文章的关键字列表、摘要和标题中提取。

第三步　清洗数据：大多数情况下，文章的关键字会因为作者不同而不同，因此有必要使它们标准化。然后，我们可以通过钢铁工业的专家来帮助我们完成对数据的清洗。

第四步　组织数据：为了建立知识结构网络分析，数据需要以可分析的格式组织。对于这些数据，可构造一个双模网络用来组织文章和关键词信息，当需要进行年度分析时，可加入发表日期信息（见图 B.1）。

第五步　将数据转换为单模网络：通过文章和关键词直接关联的双模网络很难观测关键词的知识结构（见图 B.2）。

第六步　执行数据的网络分析：网络分析执行中心性和黏性亚组分析。

第六步（1）　在中心性分析中，某些关键词的高中心性得分表示在一篇文章中同时出现这些关键词。高的接近中心度分数显示节点与网络中其他节点较短的物理距离，表示网络中所处的位置能最快速地影响整个钢铁贸易研究。

图 B.1　双模网络（文章-关键词）

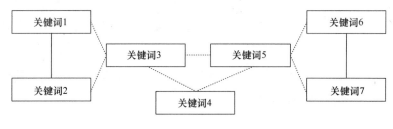

图 B.2　单模网络

一个关键字如果有高中介中心性得分，则它是连接钢铁行业的子研究领域的关键词。这些关键字一起构成了对钢铁行业的融合研究。

第六步（2）　进行关联性强的亚组分析可以了解一个钢铁研究领域的子领域。同时显示在许多文章中的一组关键字可以被认为是一个细分研究领域。

第七步　对数据进行其他分析：根据研究目的，进行额外的探索性分析。这里，我们做了一个基于亚组绘制钢铁领域的研究方向的研究。

然后，我们进行一个分析任务来获取钢铁研究的知识结构。这里，我们处理经过第四步组织好的数据，并用 NetMiner 进行网络分析

第四步中的收集数据的组织从构建双模网络开始[见图 B.3（a）]。将收集的数据导入 NetMiner（File>Import>Text Files or Excel Files）。

如果导入 EXCEL 数据，则不需要设置额外的分隔符，但如果是导入文本，则必须使用分隔符分隔数据列。同样，因为收集的数据以双模网络的结构构造成

了一个链接列表，所以在导入选项中，选择"2-mode Network>Linked list"。导入数据后，主节点、子节点 Nodeet、双模式网络在 NetMiner 的当前工作文件中生成。在 Workfile 的目录树，我们可以看到以导入文件名命名的工作文件[见图 B.3（b）]。

 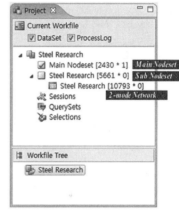

(a) 输入网络数据   (b) 数据导入NetMiner后的工作文件

图 B.3   输入界面

　　第五步中，在 NetMiner 中导入的数据是由文章关键词组成的双模式网络。要了解研究领域的知识结构，有必要将其转换为 keyword－keyword 单模式网络。我们可以通过 NetMiner 将双模式网络转换为单模式网络。操作如下：在"Main process"对话框中选择"Transform>Mode>two-mode Network"。此时，选择"Output Network>Overlab（Sub * Sub）"，"Proximity Measures>Type>Correlation>Inner Product"[见图 B.4（a）]。最后，单击运行进程，会弹出对话框询问是否显示工作文件。如果单击则数据将被保留，并且生成变换的子工作文件[见图 B.4（b）]。在 NetMiner 中，节点集（nodeset）和网络（network）后的每个数字表示节点数和节点属性，以及链接数和链接属性。也就是说，新生成的单模式网络的节点集 Steel Research[5661 * 0]表示节点的总数为 5661，并且没有节点属性。单模式网络 Overlap（Steel Research）[26385 * 0] 链接的总数为 5661，并且没有链接属性。

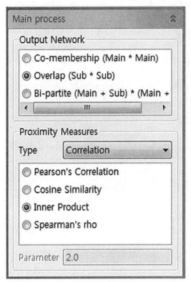 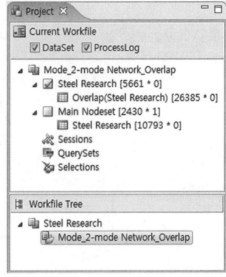

（a）网络变换 （b）子工作文件

图 B.4 将双模式网络转换为单模式网络

生成的关键词共生矩阵（见表 B.1）。生成的矩阵可以通过单模式网络 Overlap（Steel Research）确认。共现矩阵里的每一个单元值表示在 1990—2013 年期间，关键词 i 和关键词 j 的共现频率，对角线表示关键词 i 在同一时期的出现频率。举例来说，通过共生矩阵，我们可以看到 24 年间，关键词"微观结构"出现在 95 篇论文中，它与"双相不锈钢"同时出现在 4 篇论文中。通过共生矩阵，我们可以找出研究期间关键字出现的频率。此外，当把表 B.1 按年度拆分成表 B.2，我们可以弄清楚每年的主要研究方向。另外，我们可以通过表 B.3 所示的关键词对来观察关键词与研究内容之间的关系。有了这个表，我们可以找出哪些关键词对于一个被武断标记了关键词的研究文章是必要的。我们可视化这个图表，我们可以在浏览这个关键词的同时探索这个研究里的其他关键词。

第六步中，通过将数据转换为单模式网络，可以捕捉在钢铁研究领域重要的关键词和子领域。为此，我们执行中心性和黏性亚组分析。

第六步（1），为了进行中心分析，从"Analyze>Centrality"中选择一个研究人员需要的分析方法。在这里，我们选择"Degree>Betweenness>Node"和"Closeness Analyses"。首先选择中心度，我们可以在 Main Process 选择一种方法来获得度中心性得分。在这一点上，我们可以选择节点是与另一个节点和连接的链路的数量，或者是链路权重总和。一般来说，我们假设链接的存在比链路的权重重要，因此我们基于这个假设来测量中心度。但在某些情况下，我们也根据链路权重值来测量中心度得分。接近中心认为整个网络的可达性是很重要的。因此，在 Preprocess 中必须将 Dichotomize 选项设置为默认值。然而，对于接近中心性，我们在主进程中必须设置 Unreachable Handling 选项。基本上，不可达节点被设置为忽略。中介中心性处理节点和位置，因此不需要考虑权重。因此，在 NetMiner 的 Dichotomize 选项中，不考虑预处理中的链接和权重，设置为默认值（见图 B.5）。

表 B.1　关键词-关键词对矩阵

	氮	退火	双面不锈钢	微结构	直接还原
氮	28	1	1	1	
退火	1	10	1		
双面不锈钢	1	1	11	4	
微结构	1		4	95	
直接还原					5

表 B.2　1990—2013 年的关键词频率

关键词	总体	关键词	1990—1994	关键词	1995—1999	关键词	2000—2004	关键词	2005—2009	关键词	2010—2013
微结构	95	微结构	14	动力学	15	转化诱导可塑性	17	有限元方法	37	微结构	34

（续表）

关键词	总体	关键词	1990—1994	关键词	1995—1999	关键词	2000—2004	关键词	2005—2009	关键词	2010—2013
有限元方法	79	热传递	10	液态铁	11	连续铸件	14	微结构	29	转化诱导可塑性	33
转型诱导可塑性	72	动力学	10	热传递	8	机械属性	14	连续铸件	22	结盟诱导可塑性	24
机械属性	64	传质	9	机械属性	8	微结构	12	包含	20	有限元方法	21
连续铸件	62	氮	9	氮	8	有限元方法	10	炉渣	19	高炉	20
炉渣	54	热轧	8	有限元方法	7	炉渣	10	转化诱导可塑性	19	连续铸件	19
高炉	50	液态铁	8	高温度	6	铝	7	高炉	18	机械属性	19
动力学	42	热力学	8	铁	6	高炉	7	机械属性	16	降水	19
不锈钢	41	机械属性	7	液态钢	6	低碳钢	7	不锈钢	14	炉渣	15
热传递	39	铌	7	低碳钢	6	凝固	7	高强度钢	11	相转型	14

表 B.3　关键词-关键词对频率

关键词对	频　率	关键词对	频　率
机械性能-微观结构	21	动力学还原	7
转化诱导塑性-孪晶诱导塑性	12	黏度-渣	7
氮-碳	10	Al_2O_3-MgO	6
转化诱导塑性-保留渗出	9	高炉-炼铁	6
微观结构-热处理	8	脱硫-铁水	6

　　中心性分析的结果表示为[R]主报告、[T]中心性矢量、[M]弹簧、[M]同心。在 NetMiner 中，[R]表示报告，[T]表示表格，[M]表示映射。因此，一个报告、一个表格和两个映射通过中心分析计算。在[R]主报告中，进程信息和输出被摘要呈现。中心性得分分布和网络集权化索引作出输出存储展现。每个节点的中心性得分在[T]中心性向量中展现。从 Spring 算法得到的可视化映射在[M] 中展现。在底部的显示选项卡中，可以修改可视化地图的样式。[M]同心是使具有较高中心度得分的节点更靠近的地图中心，因此我们可以很容易地

找出哪个节点在地图上分数最高。这里展示了中心度分析的结果。由于共现矩阵不考虑方向，以进入中心度和输出中心度是一样的。

(a) 中心度   (b) 接近中心性   (c) 中间中心性

图 B.5 中心性过程控制区域

钢研究的中心性分析的结果在表 B.4 中呈现。中心分析结果和"微观结构，有限元素方法"表现出了高中心度和中介中心分数，因此这两个关键词是钢铁领域和子领域的链接词。此外，微观结构、机械产权和可持续性铸造可以在钢铁领域最成功地扩散。因此，想要研究钢铁领域的研究员可以先关注这些关键词。

表 B.4 关键词的中心性分析

关键词	中心度	关键词	接近中心性	关键词	中介中心性
微结构	5.05	微结构	34.4	微结构	9.53
有限元法	4.72	机械性能	32.57	有限元法	7.71
连续铸造	3.87	连续铸造	32.41	连续铸造	6.43
转化诱导可塑性	3.5	炉渣	31.87	炉渣	5.35
机械性能	3.3	动力学	31.74	机械性能	5.05
炉渣	3.29	固化	31.55	转化诱导可塑性	4.67
高炉	2.9	不锈钢	31.52	动力学	4.66
动力学	2.44	转化诱导可塑性	31.38	高炉	4.03
不锈钢	2.33	相变	31.35	不锈钢	3.61
降水	2.07	降水	31.33	固化	2.85

　　第六步（2），在进行黏性亚组分析之前，从 1993—2013 年，94.2％的关键字出现在五次以下，我们判定它们对结果的影响较小，因此将它们排除。为了从分析中排除这些关键字，我们必须在主节点集（Steel Research[5661 ＊ 0]）添加关键词出现的频率在作为节点属性。之后，如果在 NetMiner 的工具栏中选择 Query Compser，数据编辑区域会生成图 B.6。在 QuerySet Status 中，如果选择节点集或网络，插入查询，并选择"Try>Apply>Run in order"，我们可以提取出出现了五次以上的关键词。在 5661 个关键字中，我们只使用 321 个出现 5 次以上的关键词进行黏性亚组分析（见图 B.7）。

- **Output Summary**

DISTRIBUTION OF DEGREE CENTRALITY SCORES

MEASURES	VALUE	
	In-Degree Centrality	Out-Degree Centrality
MEAN	0.001	0.001
STD.DEV.	0.002	0.002
MIN.	0	0
MAX.	0.051	0.051

NETWORK DEGREE CENTRALIZATION INDEX
4.936% (IN), 4.936% (OUT)

		1	2
		In-Degree Centrality	Out-Degree Centrality
1	very fine ferrite grain	0.000177	0.000177
2	decarburization	0.008537	0.008537
3	microforming	0.000883	0.000883
4	inlet stream	0.000353	0.000353
5	casting	0.008304	0.008304
6	steel ladies	0.000353	0.000353
7	high nitrogen austenitic steel	0.001943	0.001943
8	single belt caster	0.000883	0.000883

(a) [R]主报告　　　　　　　　　　　　(b) [T]中心度矢量

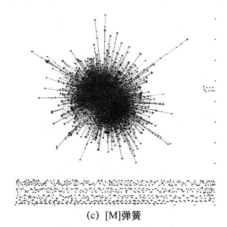

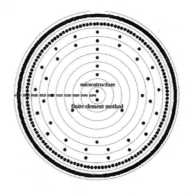

(c) [M]弹簧　　　　　　　　　　　　(d) [M]同心

图 B.6　中心度结果

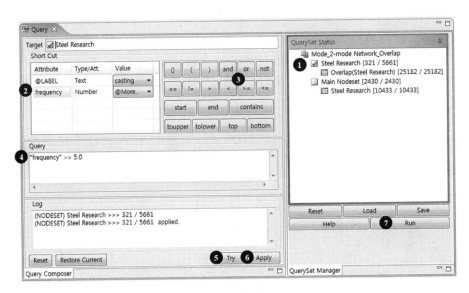

图 B.7　查询器

接下来，我们进行社区分析。通过社区分析，我们做了更多的组内关键词链接而不是组间关键词链接以捕捉子研究领域的研究重点。我们选择"Analyze>Cohesion>Community"用于分析。这里，我们必须在 Process Control Area 的 Main Process 中选择用于社区分析的算法。在这个案例里，CNM 是最著名的算法，它保证了精细的结果，但它在所有列出的算法中速度最慢。当研究人员想要将一个网络分割成固定数量的社区而不考虑模块分数时可以使用 Include Nonoptional Output。一个社区分析的结果会生成 [R]主报告、[T]社区划分、[M]集群几个部分。[R]主报告呈现最好的模块化分数，[T]社区划分用表格的形式呈现节点与子群的从属关系。

聚类，一个内聚子群的聚类图被划分为最好的模块化。[M]集群是一个将黏性子全被划分成最佳模块的集群地图。每一个子群的集群地图用不同的形状、颜色展现。在底部的菜单，"Display>Node Style >Node Attribute styling"可以修改属性（见图 B.8）。

# of Communities	8
Step #	63
Modularity	0.652088
twinning induced plasticity	1.0
mechanical propertie	2.0
flow stress	1.0
tensile test	1.0
ironmaking	5.0
blast furnace	5.0
solidification	7.0
stainless steel	6.0
hot metal	5.0
vanadium	4.0
high strength steel	2.0
hydroforming	2.0
martensite	3.0
kinetics	5.0
microstructure	3.0
niobium	8.0
retained austenite	3.0
nitrogen	4.0
thermodynamic	5.0
titanium	8.0

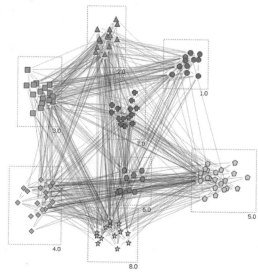

（a）[T]社区划分　　　　　　　　　　（b）[M]集群

图 B.8　黏性子组的结果

作为钢铁研究的黏性亚组分析的结果，总共有 8 个亚组被发现（见表 B.5）。关键字＃，链接＃，内部连接（密度）可以从 "Analyze>Properties>Group" 中找到。内部链接是探索性分析的额外结果。

表 B.5　钢铁研究小组研究领域

黏性亚组		关键词	链接	内部连接（%）	互连（%）	研究类别
数量	子组中的关键字					
G1	奥氏体钢，铁素体不锈钢，流动应力，晶粒尺寸，热变形，马氏体转变，等等	11	56	50.9	8.15	I
G2	奥氏体，奥氏体不锈钢，延性，疲劳，有限元法，高强度钢，热轧冲压，等等	14	82	45.1	9.36	I
G3	退火，冷轧，变形，双相钢，双相不锈钢，电子背散射衍射，成形性等	16	108	45	9.9	I
G4	活性，合金，铝，铜，高速钢，铁，液态铁等	17	80	29.4	7.76	IV

（续表）

黏性亚组		关键词	链接	内部连接（%）	互连（%）	研究类别
数量	子组中的关键字					
G5	碱性氧气炉，碱性氧气炉炉渣，高炉，渗碳，计算流体动态，脱碳，脱磷等	22	138	29.9	6.32	IV
G6	连铸，高温，钢水，模具，优化，物理建模，表面张力，等等	9	28	38.9	7.2	I
G7	铸造，表征，组成，流体流动，热转移，包含，钢包等	14	62	34.1	0.06	III
G8	硬质合金，碳，腐蚀，蠕变，硬度，微合金，微合金钢等	14	72	39.6	0.08	II

第 7 步，为了研究钢铁领域的子领域，研究类目被划分为重要的内部连接和相互连接（见图 B.9）。那些在子领域里具有高内部连接和高外部连接分数的子群是主流研究领域（Ⅰ）；受到广泛关注。具有高连接分数但互连得分低的子群，是独立发展研究领域（Ⅱ）；内连接和互连得分都低的子群，是下一代研究领域（Ⅲ），它们还没有结构化，仍然被单独研究。最后，具有低内连接分数但高互连分数的子群，是一个趋势型研究领域（Ⅳ），有着很高的扩展性。

本案例利用发表在"钢铁研究国际"的研究文章，基于大数据网络分析来了解钢铁研究领域的知识结构。分析结果的意义在于能有效地帮助我们了解积累到现在的钢铁研究。此外，通过子组地图，为下一个研究方向提供了重要指南。然而，如果我们想更全面地了解钢铁研究领域，还需要去分析更多的我们在这里不能处理的学术期刊。

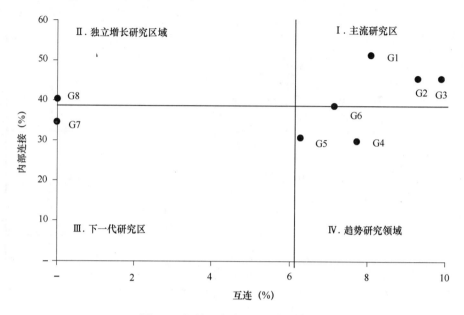

图 B.9　钢铁研究中的子组区域映射

参 考 文 献

1. Lee, H. and Sohn, I. (2015) Looking back at Steel Research International and its future,Steel Research International, 86 (1), 10-24.

反侵权盗版声明

　　电子工业出版社依法对本作品享有专有出版权。任何未经权利人书面许可，复制、销售或通过信息网络传播本作品的行为；歪曲、篡改、剽窃本作品的行为，均违反《中华人民共和国著作权法》，其行为人应承担相应的民事责任和行政责任，构成犯罪的，将被依法追究刑事责任。

　　为了维护市场秩序，保护权利人的合法权益，我社将依法查处和打击侵权盗版的单位和个人。欢迎社会各界人士积极举报侵权盗版行为，本社将奖励举报有功人员，并保证举报人的信息不被泄露。

举报电话：（010）88254396；（010）88258888

传　　真：（010）88254397

E-mail：　dbqq@phei.com.cn

通信地址：北京市万寿路 173 信箱
　　　　　电子工业出版社总编办公室

邮　　编：100036